Trauergeschichten für

Jugendliche

Veronika Vollmer

Und wie geht es mit meinem Leben weiter?

Warum Freunde und Familie so wichtig sind

**Geschichten für die Begleitung von
trauernden jungen Menschen**

Bibliografische Information der Deutschen Nationalbibliothek:
Die Deutsche Nationalbibliothek verzeichnet diese Publikation in der Deutschen Nationalbibliografie; detaillierte bibliografische Daten sind im Internet über http://dnb.dnb.de abrufbar.

Autorin   :Veronika Vollmer
Illustration: Martine Blankenburg
federnflug@gmx.de

Herstellung und Verlag:
BoD - Books on Demand, Norderstedt
ISBN 978-3-7460-3743-1

Inhaltsverzeichnis

Vorwort

Bei der ehrenamtlichen Begleitung von trauernden Kindern und Jugendlichen standen wir oft vor der Frage, welchen Text bzw. welche Geschichte könnte heute für die Situation passend sein. Aus diesem Grund hatten wir das Buch „Und wo ist der Himmel?" herausgebracht, in dem Geschichten für trauernde Kinder zu finden sind. Dieser vorliegende Band enthält nun Geschichten, die für die Arbeit mit trauernden Jugendlichen gedacht sind, um auch für diese Altersgruppe Geschichten zu haben, die passend sind und Denkanstöße bieten können.

Die Illustration der von mir geschriebenen Geschichten übernahm wieder die Kunsttherapeutin Martine Blankenburg. Die Geschichten in diesem vorliegenden Band sind für die betroffenen Jugendlichen selbst gedacht, sicher auch für die sie betreuenden Trauerbegleiter und natürlich alle, die an dem Thema Tod und Trauer interessiert sind.

Die gewählte Erzählperspektive aus Sicht der Jugendlichen erleichtert es den Betroffenen, sich in den Geschichten wieder-zufinden. Sie können sich gut mit den erzählenden Hauptakteuren identifizieren und erfahren so, dass es erlaubt ist, traurig, wütend oder enttäuscht zu sein.

Wir weisen darauf hin, dass diese Geschichten zwar für trauernde Jugendliche gedacht sind, aber nicht von ihnen stammen: Sie sind alle, wie in allen unseren Büchern fiktiv, d.h. von Veronika ausgedacht.

Uns ist vor allem wichtig, dass die trauernden Jugendlichen Zugang zu ihrer Trauer finden, diese dann auch zulassen und nach und nach auch verarbeiten können. So ist zu hoffen, dass es den jungen Seelen schließlich wieder besser geht.

Sereetz, im Herbst 2017

Veronika Vollmer und Martine Blankenburg

Glücksklee

Wo liegt der Unterschied zwischen Klee und Glücksklee? Der Wiesenklee hat drei Blätter – der Glücksklee hat vier Blätter bzw. es ist ein vierteiliges Blatt.

Vierblättrige Kleeblätter sollen gegen böse Geister helfen und verkörpern in der christlichen Symbolik ein Stück vom Paradies.

Nein, dies ist kein Referat für eine Biostunde. Ich bin Till, knapp 13 Jahre alt und gehe in die 8. Klasse und hatte bis vor einem Jahr ein tolles Leben. Wir – meine Eltern und meine ältere Schwester – wohnen in einem Haus in einer Neubausiedlung. Dort sind wir vor drei Jahren hingezogen. Alle anderen Bewohner dieses Viertels sind auch ungefähr zur gleichen Zeit dorthin gezogen.

In diesem Viertel wohnen noch Tobi und Lara. Sie gehen beide in meine Klasse. Wir haben uns vor drei Jahren kennengelernt, da wir ja den gleichen Schulweg haben. Alle drei waren wir damals traurig, aus unserem alten Wohn-umfeld wegziehen und unsere alten Freunde zurücklassen zu müssen.

Daher ist es super, dass wir uns auf Anhieb gut verstanden haben. Interessant ist auch noch, dass wir drei jeweils die Jüngsten der Familie sind. Wir haben also keinerlei Verpflichtungen, auf jüngere Geschwister aufpassen zu müssen. Von anderen Schulkameraden bekommen wir mit, wie ätzend es ist, immer die jüngeren Geschwister im Schlepptau zu haben.

Es ist eine schöne Zeit. In den Ferien sind wir oft im Freibad, denn „Urlaub können wir uns noch nicht leisten, wir haben dafür ein neues Haus!" (die Worte unserer Eltern).

Obwohl wir zu dritt sind, gibt es nie – fast nie – Rivalitäten. Lara benimmt sich auch nicht wie ein zickiges Mädchen. Sie macht allen Unfug mit. Im Gummistiefelweitwurf ist sie die Beste. Ich kann am besten skaten und Tobi ist mehr der ruhigere Typ, unser Mathegenie…, er versteht es, uns die Logik dahinter zu erklären. Zusammen sind wir unschlagbar. In der Schule werden wir das „unzertrennbare Kleeblatt" genannt.

In der Mitte dieser Siedlung steht ein großes weißes Haus mit weißen Säulen. Dagegen sehen unsere Häuser, in denen wir wohnen, aus wie Zwergenhäuser.☺

In dem Haus wohnte der Bankdirektor mit seiner Familie. Diese Familie bestand aus seiner Frau, die immer aussah, als müsste sie sofort zur nächsten Feier. Sie war immer komplett geschminkt. Wie sieht sie wohl unter dieser Schminke aus, fragten wir uns immer. Laras Vater sagte: „Die arme Frau kann nichts dafür, ihr Mann wollte lieber Stuckateur anstelle von Bankdirektor werden und daher übt er an ihr. Er schminkt sie bestimmt immer, bevor er zur Arbeit geht." Ihr könnt euch sicher denken, wie wir uns das vorgestellt haben. … ☺

Dann gab es noch Tiberius. Er war im gleichen Alter wie wir. Und wir haben damals wirklich alles versucht, um ihn mit einzubinden. Aber da er ja montags zum Klavierunterricht, dienstags zum Geigenunterricht, mittwochs zum Chor, donnerstags zum Ballett und freitags zu den Großeltern und sonntags in die Kirche musste, waren weitere Versuche zwecklos. Samstags war Familientag. Armer Tiberius. Ich glaube, dass wir aus den Zwergenhäusern ihnen einfach nicht „gut" genug waren.

Vor einem Jahr stand dann der Umzugswagen vor der Tür. Sie zogen weg.
Wer kommt jetzt…wir sind sehr gespannt gewesen. „Na ja, es werden sicher wieder solche sein, die die Nase so hoch tragen, dass es rein regnet", meint Tobis Mutter.

Die „Neuen" müssen in der Nacht angekommen sein. Am Samstagmorgen klingelt es an unserer Tür. Da steht ein Mädchen, etwa in meinem Alter, blond mit Sommersprossen und einer Brille auf der Nase, vor der Tür und sagt: „Habt ihr eventuell ein wenig Milch für uns? Wir sind heute Nacht angekommen und ziehen dort drüben ein." Sie zeigt auf das Haus mit den weißen Säulen. „Warte, ich hole dir welche." Sie nimmt die Milch und verschwindet mit einem: „Danke."

Irgendwie ist mir kribbelig nach dem Zusammentreffen mit diesem Mädchen.

Ich bin nur von einem Gedanken besessen: „Ich muss sie wiedersehen!"- „Wer war denn eben an der Tür?" fragt Mama. „Das neue Milchmädchen", sage ich gedankenverloren. Mama sieht mich an und lächelt, während sie mir über die Haare streicht.

Lara ist ein hübsches Mädchen mit dicken, fast schwarzen Haaren und dunkelbraunen Augen, aber dieses Mädchen ist anders. Hallo, was geht denn hier ab? Ich bin zwar fast 13 Jahre, aber ich war noch nie verliebt. Bin ich verliebt?

Ich laufe zu Tobi und erzähle ihm von den Neuen. Er meint, wir könnten uns doch bei uns in den Garten setzen und durch den Gartenzaun schauen ... natürlich ganz unauffällig. Gesagt, getan. Nach kurzer Zeit entschließen wir uns, dass es sicher besser wäre, den Neuen zu helfen anstatt sie zu beobachten. Wir gehen zu ihnen und bieten unsere Hilfe an. Sie freuen sich sehr und Philo - so heißt das Milchmädchen – sagt uns, in welche Räume wir die Kartons tragen sollen.

Die „Neuen" sind ganz anders als die vorherigen Bewohner des Hauses. Außer Philo gibt es noch 4 weitere jüngere Kinder. Philo passt auf sie auf und ist unheimlich lieb mit ihnen. Das ist etwas ganz Neues, so etwas kannten wir noch gar nicht. Mittlerweile gesellt sich Lara auch dazu. Wir treffen uns samstags immer so um 14:00 Uhr bei uns. Als sie uns drüben bei den „Neuen" sieht, kommt sie rüber und hilft auch beim Tragen mit.

Meine Eltern kommen dann auch noch mit Broten und Getränken rüber. Es wird eine Pause eingelegt.

Irgendwie ist es eigenartig. Wir verstehen uns alle auf Anhieb.

Es ist so, als ob wir uns schon ewig kennen würden. Und die Krönung ist, dass Philo auch in unsere Schule und dann auch noch in unsere Klasse kommen wird. Man sieht mir wohl an, wie sehr ich mich freue. Meine Mama jedenfalls fragt: „Na, Till, gefällt dir Philomena?" Ich werde knallrot, mein Gesicht brennt... peinlich... steht es etwa auf meiner Stirn?

Lara, Tim und ich sind uns sofort einig, dass wir Philo in unser Kleeblatt aufnehmen wollen, denn dann wären wir sogar ein Glückskleeblatt. Wir fragen sie, ob sie zu unserer Clique gehören möchte. Philo freut sich sehr und will natürlich dazu gehören, denn auch sie hat ihre „alten" Freunde zurücklassen müssen. –

Unser Kleeblatt ist „erwachsener" geworden. Seitdem Philo dabei ist, treffen wir uns, um über das Leben und den Sinn des Lebens und den Tod zu sprechen. Es ist immer interessant. Sie bringt immer viele neue Ideen rein. Sie ist einfach toll.

Ja, ich bin in sie verknallt. Deshalb bin ich öfter mal drüben bei Philo, um mit ihr und den Kids zu spielen. Ich genieße ihre Gegenwart und auch die der Kleinen. Lara und Tobi treffen sich jetzt auch mal ohne mich. Sie haben gefragt, ob das für mich ok ist. Natürlich ist das ok.

Wenn es möglich ist, treffen wir vier uns und es ist total toll. Die Mädchen verstehen sich auch super.

Das Leben ist schön.
…wenn da nicht dieser Tag im November gekommen wäre.

Papa sagt zu uns am Abendbrottisch „Kim, Till"… seine Augen füllen sich mit Tränen: „Mama ist sehr krank, sie hat Krebs, Lungenkrebs. Ihr habt bestimmt mitbekommen, dass es Mama in den letzten Wochen nicht so gut ging, dass sie immer müde war. Wir waren daraufhin bei verschiedenen Ärzten. Freitag haben wir das Ergebnis bekommen. Mama hat

Lungenkrebs. Der Krebs hat schon „ge-streut" und andere Organe angegriffen.

Wir haben mit den Ärzten gesprochen, welche Möglichkeiten es gibt, Mama vom Krebs zu „heilen". Es gibt leider keine Heilungschance für Mama. Eine Chemotherapie würde sie noch mehr schwächen, daher hat Mama sich entschieden, die ihr verbleibende Zeit mit uns zu genießen. Mama hat sich diese Entscheidung nicht leicht gemacht."

Auf einmal ist es so still, dass man eine kleine weiße Feder auf den Boden hätte fallen hören können.

„Nein!" schreit Kim, „Mama, sag, dass das nicht stimmt." Mama sitzt da und weint nur. Weint sie vor Schmerzen oder weil sie weiß, dass sie uns bald verlassen muss? Ich glaube, sie weint, weil ihr Herz so wehtut, weil sie uns so sehr liebt.

Papa sagt weiter: „Der Krebs ist schon so weit fortgeschritten, dass Mama nicht mehr viel Zeit hat. Er hat schon so sehr gestreut, so dass eine Operation nur weitere Schmerzen bringt."

Krebs…dieses Tier, dieses unmenschliche Tier. Wieso heißt diese Krankheit Krebs? Was denke ich hier für einen Unsinn. Meine Mama, meine über alles geliebte Mama, wird sterben. Ich bin noch fast ein Kind und ein Kind braucht seine Mutter. Plötzlich formen sich meine Gedanken in Worte und ich schreie: „Mama, ich brauche dich. Bitte lass mich nicht allein." Was habe ich getan, warum sage ich diesen letzten Satz? Mama würde mich bestimmt nicht allein lassen, wenn sie nicht müsste.

Ich laufe raus… Es ist kalt, saukalt, es nieselt… November… grau und gemein. Keine Ahnung, wie lange ich draußen rumgelaufen bin. Egal, alles ist egal, und dann steht sie plötzlich vor mir…Philo.

Sie schaut mich an und sieht meine Tränen. Sie sagt nichts. Sie nimmt mich in den Arm. Sie bringt mich nach Hause.

Mama steht in der Tür, nimmt mich in die Arme und sie hilft mir aus den nassen Sachen. Sie legt mich ins Bett und kuschelt sich an mich. Mein Kopf dröhnt, ich kann nichts sagen. Ich genieße die Wärme meiner geliebten Mutter.

Mamas Krebs frisst sie auf. Sie wird immer weniger, aber trotz Schmerzen versucht sie für uns stark zu sein. Meine Freunde sind für mich da. Mama mag es gerne, wenn wir vier ihr von der Schule erzählen. Als sie alle wieder mal da sind und ich wieder ins Zimmer komme, höre ich wie Mama zu Philo sagt: „Mein kleines Milchmädchen, dich hat der Himmel geschickt. Wenn Till von dir erzählt, strahlen seine Augen. Schön, dass es dich gibt."

Mama ist ein paar Wochen später zu Hause gestorben. Wir sind bis zur letzten Sekunde bei ihr. Sie sieht so friedlich aus, als sie auf die andere Seite hinübergleitet. Philo hat mir vorher erzählt, dass sie vor ein paar Jahren dabei war, als ihre Oma starb. Sie sagt, dass sie das Gefühl hatte, dass in diesem Moment die Zeit für einen Moment still stand und es – obwohl alle sehr traurig waren – ein Gefühl von Glück war.

Genau das habe ich auch gefühlt. Mama ist glücklich, als sie geht. Auf ihrem Gesicht ist das Lächeln, das ich so sehr an ihr liebe.

Zur Beerdigung kommen viele Verwandte und Freunde. Als Mama in die Erde herab gelassen wird, stimmen Philo, Lara und Tobi das Lied: „Herr deine Liebe ist wie Gras und Ufer" an. Es ist Mamas Lieblings-Kirchenlied. Ich glaube, Mama lächeln zu sehen, während alle das

Lied singen. Ich weine hemmungslos, Papa und Kim auch.

Mittlerweile sind ein paar Monate vergangen und Mama fehlt mir immer noch unendlich. Meine Freunde sind immer für mich da. Wir treffen uns und reden über die vergangene Zeit. Sie kannten alle meine Mama und ihre tollen Waffeln. Gemeinsam haben wir versucht auch solche Waffeln zu backen, aber so toll werden die nie. Mit Philo bin ich auch zum Friedhof gegangen. Philo steht am Grab und redet mit meiner Mama. Es ist für mich dann auch nicht mehr schwer, mit Mama zu reden. Ich glaube auch, dass ich ihre Stimme gehört habe. Klingt verrückt, aber es ist schön.

Philos Familie kümmert sich sehr um uns. Ihre Mutter zeigt uns, wie man die Wäsche wäscht. Sie leiht uns Kochbücher, nach denen Kim zu kochen „versucht" und hilft uns bei vielen anderen Dingen.

Papa, Kim und ich sind immer bei ihnen willkommen. Manchmal nimmt sie mich auch einfach in den Arm und das ist schön.

Ich kann nur Danke sagen, dass ich eine so tolle Mama hatte und dass wir so tolle Freunde und Nachbarn haben, die uns bei unserer Trauer zur Seite stehen. Danke.

Mein Bruder Sven

Die Ferien sind fast vorbei. Es waren wunderschöne Ferien und auch meine letzten „Schulferien".

Noch ein Jahr Schule und dann geht das Leben los. Ich freue mich schon riesig. Vor allen Dingen habe ich auch allen Grund dazu, mich darauf zu freuen. Ich habe schon jetzt eine Ausbildungsstelle als Tischlerin. Der Geruch von frisch geschnittenem Holz ist für mich das Größte.

Ich stelle mich mal kurz vor: Ich bin Janne, 15 Jahre alt und ich freue mich auf die Schule. Meine Freundinnen sehen das teilweise etwas anders. Ja, einige von ihnen wollen oder müssen weiter die Schulbank drücken, da sie Abitur machen und studieren wollen. Dann gibt es noch die, die nicht weiter zur Schule gehen wollen und daher einen Ausbildungsplatz suchen.

Dass ich ein Glückskind bin, habe ich noch nicht erwähnt. Ja, ich bin ein

Glückskind, denn ich habe die tollsten Eltern, einen supercoolen Bruder und die liebsten Großeltern, die man sich wünschen kann.

Warum? Meine Eltern sind noch sehr jung. Mama ist 34 und Papa 35. Ich kann förmlich spüren, wie ihr rechnet, wie jung meine Eltern bei meiner Geburt waren. Wartet, euch fehlt noch ein Detail. Mein Bruder Svenni ist zwei Jahre vor mir auf die Welt gekommen.

34-15-2= 17 Mama und 35-15-2= 18 Papa

Und wenn man das so sieht, ist es auch klar, dass man zu so jungen Eltern, die auch Geschwister sein könnten, nicht Mama und Papa sagen kann. Wir sprechen sie mit ihren Vornamen Leon und Marie an. Wenn ich aber möchte, dass sie mir keinen Wunsch abschlagen können, dann sind sie auch schon mal Mama und Papa… das hilft meistens. ☺

Dann gibt es noch die Eltern von meinem Vater. Sie waren damals so toll, als ihr Sohn ihnen mit gerade 18 Jahren mitteilte, dass sie Oma und Opa werden, dass sie meinen Eltern anboten, gemeinsam mit ihnen im Haus zu wohnen. Leon und Marie wohnten in der kleinen Wohnung im Dachgeschoss. Marie konnte ihre Ausbildung beenden, und Oma passte auf Svenni auf. Es war alles so harmonisch, dass unsere kleine Familie nach meiner Geburt nur ein Haus weiter in eine größere Wohnung gezogen ist. Unsere Kindheit war ein Traum.

In euren fragenden Augen kann ich sie sehen, diese Ungeduld: „Wieso schreibt Janne ihre Geschichte in dieses Trauerbuch?"

Wisst ihr, wie schnell sich das Leben ändert? Wie schnell alles anders ist? Dies war mein Leben bis zum 22. Juli.

Und jetzt erzähl ich euch, wie der 22. Juli mein Leben verändert hat. Dazu muss ich aber noch ein wenig ausholen bzw. ich muss euch noch ein wenig von meinem Bruder erzählen. Svenni und ich hatten eine ganz enge Beziehung, wir waren als kleine Kinder unzertrennlich. Wir waren immer füreinander da. Aber ich muss wohl einmal nicht aufgepasst haben, als mein Bruder mich brauchte.

Ich habe gemerkt, dass er sich in den letzten Monaten verändert hat. Er war launischer geworden, aber alle sagten: „Das ist die Pubertät." Also der Zeitpunkt, wenn aus dem Heranwachsenden ein Erwachsener wird. Hahaha … Svenni und erwachsen… dafür sind wir dann doch noch zu oft in unser Baumhaus gegangen! ☺

Oder doch, vielleicht wurde er erwachsen, denn Toni war seit einiger Zeit sein Freund. Toni hat kein einfaches Leben. Seine Eltern sind Alkis. Er ist sehr schüchtern, aber sehr intelligent. Er will Abitur machen und studieren. Toni hat keine Freunde, nur Svenni. Ich bin stolz auf Svenni, dass er Tonis Freund ist, obwohl alle anderen Toni mobben.

Svenni und Toni waren viel gemeinsam unterwegs. Sie waren jetzt Skater und probierten allerlei Kunststücke aus, z.B. die Treppengeländer in der Stadt herunter zu fahren.

Diese Stadt, in der wir wohnen, ist grottenlangweilig; hier gibt es nichts, außer einer Eisdiele und dem Freibad, aber keine Disco ☹... dafür aber Altenheime, Pflegeheime, Rehakliniken usw. Die Stadt ist total überaltert... wo man hinschaut: Menschen mit AOK-Shoppern oder Rollstühlen. Also kurz gesagt, es ist nicht die Traumstadt für junge Menschen

Nun zu diesem 22. Juli.

Svenni und Toni hatten sich am Abend vorher getroffen und gingen mit ihren Skateboards los. Normalerweise war Svenni zuverlässig. Es gab eine Absprache, dass er um Mitternacht zu Hause ist. Da Marie und Leon am nächsten Morgen zur Arbeit mussten und sie sich immer auf

Svenni verlassen konnten, sind sie früh zu Bett gegangen und haben nicht gemerkt, dass Svenni nicht zu Hause war. Als ich am nächsten Morgen…na ja, es war schon fast Mittag, Svenni zum Frühstück wecken wollte, war er nicht in seinem Zimmer. Auf seinem Handy ging nur die Mailbox an. Ich rief Mama an, ob sie etwas wüsste… Nein, sie wusste auch nichts. Ich wurde total unruhig. Toni war auch nicht zu Hause.

Es klingelte das Telefon… Es war ein Klingeln, dem man anmerkte, dass etwas Schlimmes passiert ist. Der Polizist am anderen Ende wollte Marie oder Leon sprechen. Mir gab er keine Auskunft.

„Sie haben die beiden gefunden. Toni ist tot und Sven schwebt in Lebensgefahr. Sag Oma und Opa Bescheid. Wir treffen uns alle im Krankenhaus", sagte Mama kurz am Telefon.

Svenni war aufgrund der zahlreichen Verletzungen ins künstliche Koma versetzt worden.

Was war passiert? Aus irgendwelchen Gründen lagen die beiden unterhalb einer Brücke. Keine hohe Brücke… also nicht, dass man denken könnte, sie wollten sich suizidieren. Vielleicht wollten sie Sprünge üben? Ich weiß es nicht… ich weiß gar nichts mehr. Ich sehe meinen Bruder, der in dem Bett mit den vielen Schläuchen liegt, und fühle mich ganz schrecklich. Meine Tränen rollen die Wange herunter und ich habe das Gefühl, dass Svenni mich tröstend in den Arm nimmt. Ich muss hier raus.

Der Arzt sagte, wir sollten nach Hause fahren, denn im Moment könnten wir nichts für Svenni tun. Er bräuchte jetzt Ruhe. Wir fuhren nach Hause. Ich lief in mein Zimmer und heulte hemmungslos. Oma wollte mich trösten, aber ich wollte nur allein sein. Der Arzt hatte noch gesagt, dass man in Svennis Blut Drogen gefunden hatte.

Drogen, mein cooler liebster Bruder und Drogen… nein, das stimmte nicht, die hatten die Blutproben verwechselt! Oder sollte er doch Drogen genommen haben? Er war öfters launisch. Manchmal war er auch so gut drauf, dass er den Clown der Familie zum Besten gab. Wir gingen alle zu Bett und beteten, dass Svenni alles gut überstehen würde.

Am frühen Morgen wurde ich plötzlich wach, ich hatte das Gefühl, das Svenni mich rief. Ich zog mich in Windeseile an und weckte Mama und Papa. Es dauerte mir zu lange, bis sie aufgestanden waren und wir losfahren konnten. Mit dem Rad braucht man normalerweise ca. 30 Minuten. Ich kam viel schneller an. Ich konnte mich im Nachhinein nicht mehr erinnern, wo ich entlang gefahren war.

Ich wollte zu Svenni, aber die Schwestern wollten mich nicht zu ihm lassen. „Auf der Intensivstation gibt es Besuchszeiten". Das war die Begründung.

Nach längerem Betteln durfte ich dann doch zu ihm. Ich nahm seine Hand, streichelte sein Gesicht und sagte ihm, dass ich da bin. Svenni öffnete die Augen und sagte: „*Verzeiht mir. Ich liebe euch alle.*" Er schloss die Augen und die Maschinen piepten. Die Schwestern kamen und schickten mich heraus.

Mittlerweile kamen Mama und Papa auch. Der Arzt kam angelaufen und verschwand in Svennis Zimmer. Nach einiger Zeit kam er wieder heraus, mit einem traurigen Blick und sagte: „Wir konnten nichts mehr für ihn tun". „Was heißt das?" schrie ich. Papa nahm mich in den Arm und sagte: „Svenni ist gestorben." Von da an war alles nur noch wattig.

Svenni und Toni wurden dann zusammen beerdigt.

Für mich ist eine Welt zusammengebrochen. Mein großer Bruder, mein Beschützer, hat mich allein gelassen. Ich bin wütend auf ihn. Warum hat er das gemacht? Wollte er wirklich sterben? Das glaube ich nicht.

Da auch kein Abschiedsbrief zu finden war, geht die Polizei davon aus, dass es ein tragischer Unfall war. Durch die Drogen haben sich die beiden wohl überschätzt und dachten wahrscheinlich, dass sie fliegen könnten.

Wir machen uns alle den Vorwurf, dass wir nichts gemerkt haben. Ich habe das Gefühl, dass mich die Trauer auffrisst. Unsere Nachbarin hat vor einigen Jahren ihren Mann verloren. Sie sagte uns, dass es ganz wichtig ist, die eigene Trauer zu akzeptieren, d.h. zu weinen und wütend zu sein, wenn einem danach ist. In dieser

Zeit habe ich gemerkt, wie wichtig es ist, wahre Freunde zu haben und die hatte ich. Wir haben viel über Svenni geredet und sind gemeinsam zum Friedhof gegangen. Unsere Familie ist eine tolle Einheit, da wir immer füreinander da sind, und das ist in der jetzigen Phase das größte Geschenk, was man besitzen kann.

Ich habe meinen Lebensplan ein wenig erweitert. Ich werde neben meiner Ausbildung zur Tischlerin das Fachabitur machen und dann Sozialarbeit studieren. Warum haben Svenni und Toni die Drogen genommen? Ich glaube, dass ein Grund dafür ist, dass es in dieser kleinen Stadt keine Angebote für Jugendliche gibt. Ich werde das ändern.

Svenni, ich werde dich nie vergessen.

Ertrunken in der Weser

Endlich war sie mal allein auf dem Schulhof. Sie stand am Rand des Pausenhofs. In den letzten Tagen war immer eine Traube von Schülern um sie herum. Ich glaubte schon, dass es einige auch wirklich ernst meinten, aber es waren auch sicher einige dabei, die nur neugierig waren.

Ich schaute noch einmal…nein, es waren keine anderen Schüler zu sehen. Ich fasste mir ein Herz und sprach sie an. Sie war in der Parallelklasse und auch eine von den beliebteren Schülerinnen. Ich bin eher der Typ „Mauerblümchen".

„Herzliches Beileid", sagte ich mit leiser, tröstender Stimme. Sie hob den Kopf und schaute mich an…

Im Normalfall hätte sie gesagt: „Was willst du von mir, du langweilige Nudel. Geh zu deinesgleichen, hier bist du fehl am Platze!"

und sagte: „Danke", und plötzlich stiegen ihr die Tränen in die Augen und sie weinte hemmungslos. Ich konnte nicht anders als sie in den Arm nehmen. Sie ließ es und zu und sagte nur: „Danke".

Es läutete und die Pause war zu Ende, und wir mussten wieder rein.

Ein paar Tage später kam sie auf mich zu und fragte: „Hast du heute Nachmittag Zeit, dann würde ich mich gerne mit dir treffen?" „Ja, gerne", sagte ich. Wir trafen uns im Stadtpark. Ich gehe gern dorthin, denn hier kommen nur selten die

„jüngeren" Menschen hin. Man kann einfach auf der Bank sitzen, in den kleinen See gucken und seinen Gedanken nachhängen. Ja und das tue ich oft.

Marlene wartete schon auf mich, und sie fing auch gleich an zu reden. Es sprudelte alles aus ihr heraus. Diese unendliche Traurigkeit, die in den letzten Wochen ihr ständiger Begleiter war, wollte nun zu Wort kommen. Sie erzählte mir von dem Tod ihres Vaters. Am Ende ihres Monologs (ich konnte nur mit Gesten antworten) fragte sie mich, ob ich sie zu einer Trauergruppe begleiten würde.

„Ich glaube, du hast auch noch etwas zu verarbeiten. Meine Mutter hat mir erzählt, dass vor vielen Jahren dein Vater auch ertrunken ist. Du siehst immer so traurig und verschlossen aus. Ich hoffe, du bist nicht böse auf mich, dass ich das gesagt habe." „Nein, bin ich nicht. Danke, ich komme sehr gerne mit."

Ich denke, jetzt ist es an der Zeit, von mir zu erzählen. Ich bin Johanna, 14 Jahre alt, und dann gibt es noch meine Schwestern Miriam (17) und Merle (18). Mein Vater ist vor 8 Jahren ertrunken. Und ich bin schuld. Jedenfalls lassen mich das meine beiden Schwestern seit diesem Tag glauben und auch spüren. Ich bin die, die Familie „kaputt" gemacht hat. Sie haben sich von mir distanziert. Ich war von nun an allein.

Entschuldigung, ihr wollt sicher wissen, wie ich die Familie „kaputt" gemacht habe.

In diesem Sommer haben wir alle einen Ausflug gemacht. Ich muss noch erwähnen, dass meine Eltern nicht so viel Geld hatten, dass wir in den Ferien irgendwo weiter weg fahren konnten. Also, da war diese Bootsfahrt auf der Weser schon ein Highlight.

Wir saßen alle in dem Schlauchboot, natürlich hatten wir auch Schwimmwesten an, außer Papa. Papa bekam die Schwimmweste nicht zu. Miriam und Merle waren zu der Zeit schon tolle Schwimmerinnen. Ich hatte leider nur das Seepferdchen und konnte also noch nicht richtig schwimmen. Papa paddelte, wir sangen Lieder und aßen unsere Brote. Bis zu diesem Zeitpunkt war alles schön. Wir hatten alle viel Spaß.

Mama und Papa sind früher oft auf der Weser gewesen. Sie haben sich dort auch auf einer Tour kennengelernt. Die Weser ist an manchen Stellen tückisch. Da sind dann Strudel, die einen einfach runter-ziehen. Diese Stellen sollte man meiden.

Nach einer Weile sagte Mama: „Peter, pass auf, da vorne sind die Strudel." „Ja,

Liebste", rief er ihr lachend zu. Irgendwie schaffte Papa es nicht an diesem Strudel vorbeizukommen. Es passierte das Schreckliche. Ich kann mich nicht mehr genau an alles erinnern, sondern nur noch, dass alle im Wasser waren.

Mehr weiß ich nicht. Ich kann mich nicht erinnern. Am nächsten Tag bin ich im Krankenhaus aufgewacht. Mama saß an meinem Bett und weinte. Sie nahm mich in die Arme und weinte. „Warum weinst du so?" fragte ich damals.

„Papa…" mehr konnte sie nicht sagen, sie schluchzte nur noch und die Tränen liefen ihr die Wange hinunter. Die Tage bis zu Papas Beerdigung erlebte ich wie in dicker Watte. Die Worte kamen nicht bei mir an.

Nach der Beerdigung bin ich zu Oma und Opa gezogen. Ich habe Papa verloren und den Rest der Familie auch. Ich kann mich nicht mehr an alles erinnern, nur das Oma und Opa sehr lieb zu mir waren.

Nach den Ferien wurde ich einge-schult. Mama, Oma und Opa kamen mit zur Einschulung. Meine Schwestern kamen nicht. Sie glaubten, dass ich an allem schuld sei. Es sollte ein schöner Tag werden. Papa und ich hatten schon vor langer Zeit eine Schultüte gebastelt. Sie war für mich etwas ganz Besonders, ein Stück von Papa.

Als wir dann wieder zu Hause waren, kamen Miriam und Merle und rissen mir die Schultüte aus der Hand. Sie kippten alles aus und sagten: „Das ist deins, aber die Tüte hat „unser" Vater gebastelt." Sie nahmen sie und verschwanden damit. Ich war so schockiert, dass ich nicht weinen konnte, aber ich hörte Papa sagen: „Ich hab dich so lieb, sei nicht böse auf sie."

Oma und Opa meinten, es wäre besser, wenn ich erst mal wieder bei ihnen wohnen würde. Ich ging gern zu Oma und Opa, bloß weg von dem Ort, wo mich niemand haben wollte.

Während der Grundschulzeit lebte ich also bei Oma und Opa. Mama kam an den Wochenenden zu uns. Es dauerte lange, bis Mama mich wieder in den Arm nehmen konnte. Oma sagte immer „Sei nicht traurig, deine Mama hat dich trotzdem lieb." Meine Schwestern kamen nur zu Geburtstagen mit. Sie mieden mich wie eine Aussätzige.

Natürlich wollte ich immer wissen, was bei der Bootsfahrt passiert war, aber ich hatte auch Angst davor, dass Oma und Opa mich dann auch nicht mehr wollten. Oma und Opa wollten von sich aus nichts erzählen, weil sie Angst davor hatten, dass ich wieder so traurig würde.

Am Ende der Grundschulzeit war dann der richtige Zeitpunkt. Mama kam und sie erzählte mir, was damals passierte. „Johanna, du kannst dich sicher erinnern, dass wir viel Spaß bei unserem Bootsausflug hatten. Dann kam die Stelle mit den Strudeln. Papa wollte sie umfahren, aber irgendwie klappte das nicht. Der Sog war so stark, dass das Boot ins Trudeln kam. Das Boot kenterte. Ich nahm Merle und

Miriam und wir schwammen zusammen an Land. Papa wollte dich nehmen und mit dir an Land schwimmen.

Ich hörte nur, wie du immer gerufen hast: „Papa, ich habe Angst und Jolante ist noch im Boot. Jolante..." Irgendwie hat Papa es dann geschafft, dich vom Boot weg zu bekommen und ist mit dir an Land geschwommen. Andere Menschen, die das beobachtet haben, sind ins Wasser und haben dich entgegen genommen. Sie haben versucht, Papa ebenfalls an Land zu ziehen, aber die Strömung war zu stark und Papas Kräfte waren am Ende.

Papa war verschwunden. Die Suche nach ihm blieb erfolglos. Wir gaben die Hoffnung nicht auf, er konnte ja flussab-wärts irgendwo angetrieben worden sein. Es wurde schon dunkel und wir hatten ihn immer noch nicht gefunden. Die nächsten Tage waren grausam … Dieses Warten und dann wurde die Hoffnung, dass Papa noch lebt, je zerstört. Man hatte Papa nach einer Woche gefunden. Er war wirklich flussabwärts getrieben… aber er war tot.

Deine Schwestern glaubten, dass du an allem schuld warst, weil du unbedingt noch Jolante (das war meine Schmuse-puppe, ohne die ich nicht einschlafen konnte) haben wolltest, und du das Boot nicht losgelassen hast."

……

Mama wollte, dass ich nach der vierten Klasse wieder zu ihr ziehe. Sie hatte sich zwischenzeitlich neu verliebt und Thomas wollte, dass ich bei ihnen lebe. Ich wollte es nicht, aber Oma und Opa sagten, dass sie doch zu alt wären und es doch ein neuer Anfang für die Familie wäre. Ich sollte die große Schwester für meine kleine Schwester werden, die bald geboren wurde.

Josefine ist ein Sonnenschein. Ihr kann ich all meine Liebe schenken, die meine anderen Schwestern nicht von mir wollen. Thomas ist ein toller Stiefvater. Ich mag ihn sehr gern und er mich auch. Mit meinen großen Schwestern komme ich noch nicht klar, da sie mir immer noch die Schuld geben. Ich gebe mir auch die Schuld. Ich hätte gleich aus dem Boot springen können. Warum konnte ich nicht schwimmen. Das ist es, was mich traurig macht.

Marlene holt mich ab. Wir gehen zusammen zur Trauergruppe. Nach einer Kennenlernrunde fragt die Begleiterin, wer seine Geschichte erzählen möchte. Lars meldet sich und erzählt vom Tod seiner Mutter. Wir fühlen alle mit ihm. Wir hören ihm zu. Wir versuchen zu trösten. Anschließend hören wir uns das Lied: „Zwei wie wir" von Udo Lindenberg an.

Der Tod ist ein Irrtum,
Ich krieg das gar nicht klar.
Die rufen gleich an

und sagen es ist doch nicht wahr,
es war nur 'n Versehn,
war 'n falsches Signal,
aus irgendeinem fernen Sternental

Der Fährmann setzt dich über 'n
Fluss rüber,
Ich spür deine Kraft geht voll auf
mich über.

Wir besprechen den Text. Ich glaube, der Fährmann hat Papa auch über den Fluss gesetzt, auf die andere Seite… wo diese Seite auch immer sein mag.

Marlene und ich sind gute Freundinnen geworden. Wir gehen weiterhin zur Trauergruppe. Mir tut es gut und irgendwann werde ich verstehen, dass ich keine Schuld am Tod meines Vaters habe, und meine beiden älteren Schwestern werden es auch so sehen können.

Wütend

Das ganze Leben ist ein großer Misthaufen …

Ich bin Lukas, fast 18 Jahre alt und wenn ich an mein zurückliegendes Leben denke, gibt es wenige Momente, die mir sagen: He, das Leben ist schön…der überwiegende Teil ist beschissen.

Sorry, meine Ausdrucksweise entspricht eigentlich nicht meinem Naturell. Ich bin eher der liebe Junge…so in der Art „Schwiegermutters Liebling":

- o bin gut in der Schule und mache dieses Jahr mein Abi
- o habe Manieren (z.B. schmatze ich nicht beim Essen)

o habe keine Pickel im Gesicht und bin gepflegt.

Scheiß drauf... Schwiegermutters Liebling!

Ich könnte abhauen, einfach abhauen... alles zurücklassen, den ganzen Mist, die ganze Verantwortung: Ich will nicht mehr!

Jetzt sitze ich hier und heule. Wenn ich doch wenigstens jemanden für meine bescheuerte Situation verantwortlich machen könnte. Svea – meine geliebte Freundin – will nicht auf mich warten. Nein, sie möchte unseren gemeinsamen Traum – nach dem Abi ein Jahr nach Australien zu gehen und die Welt zu sehen – allein durchziehen. Sie versteht nicht, dass ich Hannah, meine kleine 7jährige Schwester, nicht allein zurücklassen kann.

In meinem Bauch dreht sich alles – ich könnte k…! In meinem Herzen ist ein so großer Schmerz, mein Herzmuskel zieht sich zusammen, so dass es weh tut; vielleicht ist gleich alles vorbei und ich kippe einfach tot um.

In meinem Kopf dröhnt es. Ich glaube, da hat sich jemand eingenistet und versucht alles durcheinander zu bringen. „Hau einfach ab!" schreit der Typ „Scheiß drauf, was die anderen denken. Jetzt bist du dran. Du willst dein Leben leben ohne diesen verdammten Anhang, ohne diese Mutter, die mal überschwänglich gut drauf ist und dann wieder Tage lang nicht das Bett verlässt. Es nervt dich so und so total, so eine Mutter zu haben.

Und dann die kleine Göre, willst du etwa noch 11 Jahre deines Lebens – dann bist du 28 Jahre – auf dieses Weib aufpassen. Dann geht die schönste Zeit – deine Jugend – einfach den Bach runter. Du kannst nicht die Welt sehen…ha und dann Svea – ja, die bist du los, die liebt dann einen anderen, ha."

„Hör auf!" schrei ich diesen Typen in meinem Kopf an. „Ich weiß selbst, dass alles bescheiden ist. Aber ich liebe meine kleine Schwester Hannah. Ich kann sie nicht einfach zurück lassen. Sie ist viel ärmer dran als ich. Nein, lass mich in Frieden."

So geht das die ganze letzte Zeit…. Ich verrate euch seit wann: seit sich mein Vater suizidiert hat. Ja, er hat sich umgebracht, selbst getötet, er ist von der Brücke gesprungen.

Wahrscheinlich hatte er auch so einen Typen im Kopf, der gesagt hat: „Was für ein Leben ist dein Leben. Was hält dich noch am Leben? Du hast eine psychisch kranke Frau zu Haus, du hast einen fast volljährigen Sohn, der s e i n Leben leben will und eine kleine Tochter, die dich noch mindestens 11 Jahre bis zur

Volljährigkeit braucht. Und dann deine Geliebte, die nicht mehr nur die Zweitfrau sein möchte. Scheiß Leben… und wo bleibst du?"

Bin ich eigentlich doof? Warum jammere ich? Mein Vater hatte allen Grund, sauer auf das Leben zu sein. Er hat eine Frau geheiratet, die er liebte und dann kam ich zur Welt. Das Glück war perfekt. Ich muss noch erwähnen, dass meine Eltern nicht so ganz früh zu einander gefunden haben, und dass ich erst zur Welt kam, als meine Mutter schon 35 Jahre war.

Meine Mutter war eine tolle Frau. Sie hatte lange dunkelrot gelockte Haare und war lieb zu uns. Wir haben viele Dinge gemacht, um die mich meine Freunde beneideten. Meine Mutter konnte super spontan sein. Wenn sie meinte, es wäre mal wieder Zeit für ein Gartenfest, dann luden wir die Nachbarn und Freunde ein und feierten.

Mal feierten wir ein Kartoffelfest, da ich meine erste Kartoffel in meinem eigenen Beet geerntet hatte oder wenn die Sonne mal wieder nicht scheinen wollte, feierten wir ein Sonnenfest. Wir bastelten uns alle Sonnengesichter und tanzten den Sonnentanz. Ich glaubte damals, dass die Sonne darüber so lachen musste, dass sie

wieder schien. Ja, das war meine Mama. Wenn ich an diese Zeiten denke, dann fühle ich mich glücklich. In meinem Bauch ist ein kribbeliges, wohliges Gefühl, mein Herz ist ganz ruhig und in meinem Kopf ist Ruhe.

Sentimentaler Quatsch... jetzt ist alles Mist....und ich weiß immer noch nicht weiter.

Ja und dann kam meine kleine süße Schwester mit ihren rosigen Pausbacken auf die Welt. Mama war damals mit 45Jahren schon ganz schön alt. Wenn Hannah volljährig ist, ist Mama im Rentenalter. Wahnsinn, und Papa wäre dann auch in Pension. Papa war Polizeibeamter im Schichtdienst. Nur so konnte er sich auch eine Zweitfrau zulegen. Klingt gemein...ich weiß und ich tue Rita damit auch sehr weh. Sie ist eine tolle Frau, und ich kann sie auch verstehen. Sie ist jetzt auch allein.

Halt – Stopp – könnte hier eventuell eine Lösung für mein Problem sein. Oh, wie grausam und gemein ich bin. Ich denke nur an mich: meine Probleme, meinen Liebeskummer, mein Leben.

Mein Vater ist tot und ich vermisse ihn. Er war der Halt der Familie. Meine Mutter ist jetzt Witwe, aber ich weiß nicht, ob sie das checkt. Sie ist voll mit Medikamenten und an einigen Tagen hat sie Power und könnte ein neues Land entdecken und an anderen Tagen steht sie gar nicht auf und will niemanden sehen und nichts hören.

Leider ist es so, dass diese Tage überwiegen. Ich weiß gar nicht, wie sie diese „miesen" Tage empfindet. Ich glaube, es ist ihr alles gleichgültig. Selbst Hannah bekommt sie nicht aus diesem Tief heraus. Diese kleine Maus, die alle zum Lachen bringt.

„Papa, wie konntest du diesen Sonnenschein allein lassen? Hast du darauf vertraut, dass ich für sie da bin? Glaubst du nicht, dass du mir damit eine viel zu große Bürde aufgebrummt hast?"

Ja, antworte nicht, ist schon gut. Ich habe auch keine Lust mehr. Ich möchte, dass mich jetzt jemand in den Arm nimmt und tröstet. Aber es ist niemand da. Hannah ist im Moment bei ihrer Patentante, aber nur noch für eine Woche. Bis dahin muss ich mich entscheiden. Schaffe ich es, meine Mutter zu versorgen, denn sie kann nicht allein leben? Sie würde in den depressiven Phasen wahrscheinlich verhungern.

Schaffe ich es, für meine kleine Schwester da zu sein? Schaffe ich es, die Trennung von Svea auszuhalten? Schaffe ich es, meinen Traum von einem Jahr Australien aufzugeben?

Schaffe ich es, statt eines Studiums außerhalb, eine Ausbildung vor Ort zu absolvieren? Schaffe ich es, jetzt gleich erwachsen zu sein? Ist hier jemand, der mir meine Fragen beantworten kann?

Ach, da gibt es noch einen Punkt: Ich bin traurig, dass mein Vater tot ist. Wieder geht es nur um mich, ich bin ein Egoist. Ich schäme mich so zu sein, so hat mein Vater mich nicht erzogen.

Rita… ich werde zu Rita gehen, vielleicht nimmt sie mich in den Arm, wie früher, wenn ich traurig war. Warum hat mein Vater sich nicht von meiner Mutter getrennt? Liebe kann die beiden nicht mehr verbunden haben. Also kann es nur Verantwortungsbewusstsein gewesen sein. Ja super, genau das ist es… ich will keine Verantwortung übernehmen.

Ich war bei Rita. Sie nahm mich in den Arm, und wir beide weinten. Wir haben einen ganz wundervollen Menschen verloren, meinen Vater. Er war aber am Ende und konnte nicht mehr. Rita erzählte mir mehr von meinem Papa, und ich bin stolz, dass er mein Vater war. Sie wird mir helfen und sagt, dass ich mein Leben, meine Jugend leben soll, dass ich ganz beruhigt mit Svea nach Australien gehen kann und das sie versucht, dass Hannah zu ihr zieht und dass Mama eine Betreuung erhält.

Ich sehe die Sonne, ich habe Schmetterlinge im Bauch, ich liebe Svea, meine kleine Schwester, Rita und Mama und dich, Papa.

Rita hat alles geschafft. Sie ist jetzt die Pflegemutter von Hannah und mir☺. Mama hat eine Betreuung bekommen, und wir besuchen sie regelmäßig.

Von Svea habe ich mich getrennt, denn ich brauche einen Menschen, der auch in schwierigen Zeiten an meiner Seite ist. Ich werde trotzdem ein Jahr „Work and Travel" machen. Aber jetzt müssen wir alle erst noch lernen, unsere Trauer zuzulassen. Und wir sind auf einem guten Weg. Hier einen lieben Dank an Daniel, der uns in dieser Zeit begleitet.

Papa, ich werde dich nie vergessen.

Bjarne

Ich bin Bjarne, werde in drei Wochen 14 Jahre alt und wohne in einem kleinen Dorf in Bayern, genauer gesagt im Allgäu.

Ja, genau da, wo es noch Milchbauern gibt. Blöder Begriff, denn die Bauern geben keine Milch. Unsere Familie sind Milchbauern in der 5. Generation. Hahaha… super denn ich, ich bin die nächste bzw. ich soll die nächste Generation werden. Ich mag absolut keine Milch. Schon allein der Geruch ekelt mich an.

Meine Familie besteht bzw. bestand aus Oma Lisbeth, Opa Anton, Tante Gerda, Tante Ursel und meiner Mutter, der Heike. Bestand, weil Opa Anton mich allein gelassen hat. Nein, er ist nicht weggelaufen - bei so vielen Frauen ☺.

Er würde sagen: „Ich bin in die ewigen Jagdgründe gegangen." Das sagte er immer, wenn er die Todesanzeigen in der Zeitung las und wieder ein Bekannter von ihm gestorben war. Diesen Spruch wollte er in seiner Todesanzeige stehen haben...

Natürlich wollten das die Damen des Hauses nicht hören, geschweige denn würden sie ihm diesen letzten Wunsch erfüllen. Nein, in seiner Anzeige stand: „Plötzlich und unerwartet ist mein lieber Mann, unser Vater und Opa von uns gegangen." - Geht man mit 92 Jahren plötzlich und unerwartet?

Ich bin so wütend auf Opa, er hat sein Verspechen nicht eingelöst, er hat sich einfach davon geschlichen... plötzlich und unerwartet. Welches Versprechen wollt ihr wissen? Dafür muss ich euch erst bitten, die Augen zu schließen und mir dann zu sagen, wie ihr euch einen Bjarne vorstellt.

Bjarne ist eine dänisch-norwegische Form von Björn und bedeutet meist Bär. Wahrscheinlich stellt ihr euch jetzt vor, dass ich groß bin wie ein Bär und dazu

noch typisch blond und blaue Augen habe. Hahaha - ich bin für mein Alter schmächtig und habe braune Augen und schwarze Haare. Das genaue Gegenteil. Kein Kind in meiner Schule trägt so einen Vornamen. Typisch sind Sebastian, Toni, Alois, Benedikt und Ferdl oder mal etwas Ausgefallenes, wie Liberto, der Freie.

Nun zurück zu dem Versprechen. Mein Opa wollte mir erzählen, warum ich diesen Namen trage. Aber jetzt ist er einfach abgehauen, ich bin so wütend…

Ich fühle mich so elend. Ich schäme mich, dass ich sauer auf Opa bin, weil er mich allein gelassen hat. Dabei ist er tot. Tot bedeutet, er redet nicht mehr mit mir, er hört sich nicht mehr meine Probleme an… keiner gibt mir mehr Ratschläge... ich bin allein, ich bin so unendlich traurig… so allein.

Ihr fragt, wieso ich allein bin, obwohl noch Oma, die zwei Tanten und Mutter da sind. Oma ist 90 und tüdelig, d.h. sie ist dement und erzählt nur noch von damals. Manchmal bin ich auch ihr Mann Anton. Es ist traurig zu sehen, dass sie nicht mehr weiß, wie sie heißt und wo sie wohnt.

Opa war immer für sie da und jetzt ist Oma auch allein!

Ob Oma auch wütend auf Opa ist, dass er sie allein gelassen hat? Ich glaube, sie hat es noch nicht realisiert, dass Opa nicht mehr da ist. Auf der Beerdigung fing sie plötzlich an zu singen: „Die Tiroler sind lustig, die Tiroler sind froh, sie verkaufen ihr Häuschen und schlafen auf Stroh…". Das hatte sie immer mit Opa gesungen. Alle schauten sie strafend an, und meine Tanten hielten ihre Köpfe noch weiter nach unten gebeugt. Die Nasenspitzen berührten schon fast ihre Schuhspitzen.

Könnt ihr euch vorstellen, hier leben zu müssen?

Wie ich schon erwähnt habe, sind wir Milchbauern... so irgendwie auch die letzten, die so einen kleinen Betrieb haben. Oma hatte den Hof von ihren Eltern übernommen. Opa war Handwerker. Aber dann musste er Bauer sein. Er wollte eigentlich etwas ganz anderes in seinem Leben machen. Er wollte Nautiker werden und die Welt sehen.

Aber dann sah er die Liebe seines Lebens: „meine Oma". Sie verliebten sich und heirateten und gründeten eine Familie. Er liebte seine Lissy und seine drei Töchter. Seine Träume rückten in weite Ferne. Ich glaube, manchmal war er schon ein wenig traurig, dass er die Welt nicht bereisen konnte, aber Oma sagte: „Wir können die Tiere nicht allein lassen." Oma reist nicht gern, sie mag das Autofahren nicht besonders und Flugzeuge... sind nur „laute Umweltverschmutzer".

Meine Tanten sind bis jetzt – inzwischen sind sie 54 und 55 Jahre alt – Singles... na ja, hier im Dorf sagt man dazu: „alte Jungfern, die keiner mehr will". Beide haben eine Ausbildung zur Ökotrophologin. Früher nannte man das eine Ausbildung im Bereich der Hauswirtschaft. Sie sind Dorfhelferinnen, sie springen ein, wenn z.B. eine Mutter krank wird und die Familie nicht allein zurechtkommt.

Meine Mutter ist 50 Jahre, auch nicht verheiratet und dazu noch allein erziehend. Das heißt natürlich auch, dass ich keinen Vater habe. Ich weiß, dass Kinder nicht vom Klapperstorch gebracht werden und dass dazu schon ein Mann gebraucht wird. Vielleicht bin ich auch aus einer Samenspende entstanden. Meine Mutter sagt mir nicht, wer mein Vater ist. Sie sagt: „Mit 18 Jahren bist du volljährig, und dann ist es früh genug, dass du es erfährst."

Opa wusste, wer mein Vater war, durfte es mir aber nicht sagen und jetzt kann er es mir nicht mehr sagen. „Opa, das kannst du nicht tun. Bitte komm zurück, lass mich doch nicht so allein!" Mein Flehen hilft nichts, Opa kommt nicht wieder zurück. Ich bin so allein.

Meine Mutter ist Köchin und wollte immer auf einem Schiff als Schiffskoch arbeiten, aber sie ist nur für einen Sommer auf Norderney in einem Hotel angestellt gewesen. Dann hat sie Heimweh bekommen und ist wieder zurück nach Hause gekommen.

Warum nur? Ich will hier weg! Ich will auch das Meer sehen. Opa, mit wem soll ich jetzt sprechen? Wem soll ich von meinem Fernweh erzählen? Nur du hast mich verstanden! Die Tage vergehen. Es passiert nichts. Die Schule ist langweilig. Mein Geburtstag, auf den ich mich so gefreut hatte, rückt immer näher. Wen interessiert es? Niemanden!

Mama sagt, dass eine Geburtstagfeier auf dem Hof jetzt nicht angebracht wäre – wegen dem Trauerjahr, Oma und den Tanten. Trauert denn hier niemand „echt" um Opa? Natürlich will ich keine Party mehr, es gibt keinen Grund zum Feiern.

Meine Freunde verstehen, dass es keine Party gibt.

Timos Mutter – eine Nichteinheimische - schlägt vor, dass wir bei ihnen im Garten grillen können. Sie würde sich sehr freuen, wenn meine Mutter auch kommen würde. Mama freut sich. Sie hält das für eine gute Idee und besorgt alles fürs Grillen. Timos Mutter und meine Mutter verstehen sich gut.

Wow – das ist das erste Mal nach Opas Tod, dass ich Mama auch mal wieder lächeln sehe. Ja, das ist schon ein tolles Geschenk für mich. Ich fühle mich gleich ein wenig glücklicher. Ja, Mama ist auch traurig über Opas Tod. Die beiden hatten ein inniges Verhältnis. Sie lachten viel zusammen. Wenn ich genauer überlege, ist es so, dass Opa, Mama und ich oft einer Meinung waren, der Rest der Familie war dann anderer Meinung.

Oma, Gerda und Ursel sind mit dem Leben hier glücklich und zufrieden. Sie lieben die Landschaft und kommen mit den Menschen im Dorf gut zurecht.

Es ist spät geworden, alle Freunde sind schon nach Haus gegangen. Wir haben noch schnell beim Aufräumen mitgeholfen. Es war ein richtig schöner Geburtstag, wenn man so etwas im „Anbetracht des Todes von Opa" sagen darf. Mama und ich schlendern gemütlich nach Hause. Unterwegs fragt sie mich, ob ich mir vorstellen könnte, woanders zu leben, vielleicht an der Nordsee?

Vorstellen: Nein – Wünschen: Ja!
Mama holt aus ihrer Tasche einen Brief hervor – ich erkenne Opas Handschrift sofort auf dem Umschlag. Sie sagt: „Opa wollte, dass du den zu deinem 14. Geburtstag bekommst." Ich platze vor Neugierde, denn ich werde erfahren, wer mein Vater ist. Der Brief ist der größte Schatz, den ich besitze. Ich werde ihn

ganz behutsam öffnen und ganz in Ruhe lesen.

Opa — Danke!
Der Weg bis zu unserem Hof erscheint mir viel länger als sonst. Mama schweigt, seitdem sie mir den Brief gegeben hat. Da Opa jetzt nicht mehr lebt, bin ich der Mann im Haus … nein anders… ich bin der Mann, der für Mama da sein muss. Soll ich sie jetzt noch Mama nennen oder lieber Heike?

„Mama", fange ich vorsichtig an, „ist alles okay?" „Ja, schon", antwortet sie knapp. Und dann sprudelt es aus ihr heraus. „Ich vermisse Opa so sehr. Er war nicht nur mein Vater, er war mein Freund. Er hat mich verstanden, wenn ich unglücklich war. Er fühlte sich auch nicht wohl hier in diesem Dorf. Nur aus Liebe zu Oma und uns ist er hiergeblieben. Bjarne, ich muss hier weg. Ich möchte nicht alleine gehen, aber ich möchte dich nicht zwingen mitzukommen. Ich muss an die Nordsee. Dort habe ich vor 15 Jahren einen wunderschönen Sommer verbracht."

In meinem Kopf rattert es … vor 15 Jahren… eine Schwangerschaft dauert 281 Tage … ich bin 14 Jahre alt … Bjarne… norwegisch – dänisch…

„Was für eine Frage stellst du mir da? Ich wünsche mir nichts sehnlicher, als hier raus zu kommen. Mama, das ist das allerschönste Geburtstagsgeschenk, das du mir jemals gemacht hast oder das du mir jemals machen kannst. Wann können wir los?" - „In den Sommerferien. Ich kümmere mich um eine Anstellung und eine Wohnung", sagt Mama. Dann sind wir zuhause angekommen.

Opa, danke!

Am nächsten Morgen gehe ich zu Opas Grab. Ich setze mich auf die Bank davor. Ich öffne den Brief. Opa schreibt:

Mein lieber Bjarne,

ich weiß, du möchtest wissen, wer dein Vater ist – ich weiß es nicht, aber ich hoffe, dass ich dir ein guter Opa gewesen bin. Deine Mutter kam damals von Norderney zurück, weil sie Heimweh hatte. Sie hatte sich in einen Matrosen verliebt, der aber ständig auf See war. Sie ist ein Familienmensch und braucht die Geborgenheit. Als sie dann feststellte, dass sie mit dir schwanger war, brauchte sie diese Geborgenheit noch mehr.-

Ich habe für dich etwas Geld angespart und möchte, dass du mit deiner Mutter ein neues Leben anfängst. Seht euch die Welt an, die ich auch gerne gesehen hätte. Wenn du diese Zeilen liest, bin ich schon auf der anderen Seite. Ich bin glücklich, dass du mein Enkel bist.

Genieße das Leben und pass auf deine Mutter auf.

Dein dich liebender Opa

Mir stiegen Tränen der Dankbarkeit hoch. Ich bin dankbar für diesen Opa, der immer für mich da war.

OPA, ich werde dich nie vergessen.

Alles wattig

Es ist ein herrlicher Frühsommertag. Die Sonne strahlt schon am frühen Morgen. Noch drei Wochen, bis wir in den Sommerferien nach Schweden fahren. Ich freue mich schon sehr auf die Mountainbike-Touren mit Alex.

Alex ist mein Stiefvater. Er ist der Ehemann meiner Mutter und der Vater meines kleinen Bruders Leo. Ich bin Mirko und werde 15 Jahre alt. Ich könnte auch Papa zu Alex sagen, denn er ist mir wichtiger als mein biologischer Vater. Alex würde sich darüber freuen, denn er sagt immer „mein Sohn Mirko". Das Wort Papa ist für mich aber sehr negativ besetzt.

Mein biologischer Vater war mein Papa, bis ich 8 Jahre alt war. Er war ein Vater, wie man sich ihn wünscht. Ich erinnere mich an viele schöne Dinge, die er mit mir gemacht hat. Er hat mit mir Sandburgen gebaut, im Garten gezeltet und mit Playmobil gespielt. Am Wochenende schauten wir alle gemeinsam

 „Pettersson und Findus". Wir setzten uns alle auf das Sofa und kuschelten uns unter eine große

Decke. Dann gab es entweder Chips oder Flips dazu. Manche Folgen konnten wir dann schon mitsprechen. Das machte nichts, es war einfach schön.

Das coolste aber war eine Schiff- schaukel, die er gebaut hat. Diese hat er zwar in unserem Garten gebaut, aber  sie war für seine Mutter. Sie hatte ihm früher immer davon erzählt, wie toll sie „Schiffschaukeln" auf der Kirmes fand. Ich erinnere mich noch an dieses Schiffschaukel-Fest in unserem letzten gemeinsamen Sommer. Meine Oma weinte vor Freude.

Ja, so konnte er sein.

Es war eine schöne Zeit. Aber von einem Tag auf den anderen war sie vorbei.

Nein, denkt jetzt nicht, dass mein biologischer Vater Jens gestorben ist. Nein, er hat sich einfach so von mir und meiner Mutter getrennt. Er hat eine neue Familie und da passe ich nicht mit rein. Er hat zwar einen Versuch unternommen, mich an einem Wochenende zu sich zu nehmen, aber das war ein echter Albtraum.

Dieses Haus, in dem er jetzt mit der neuen Frau wohnt, ist weiß… nur weiß… der Boden, die Decke, die Wände, das Sofa… einfach alles. Ich hatte Angst, mich irgendwo hinzusetzen… meine Hose könnte ja abfärben. Spielzeug gab es auch nicht. Beim Abendbrot ist es dann passiert. Mir ist das Glas mit Mineralwasser umgekippt. Die weiße Tischdecke wurde nass. Papas neue Frau machte ein Geschrei, als wenn ich die Wände mit Nutella beschmiert hätte. Papa brachte mich sofort wieder zu Mama.

Irgendwann kam Papa noch einmal mit einem Baby bei uns vorbei. Er wollte mir meine kleine Schwester vorstellen. Natürlich war diese ganz in weiß gekleidet. Ja, sie war schon sehr niedlich, aber ich habe sie nie wieder gesehen. Papa schreibt mir zu Weihnachten und Geburtstagen eine Karte und schickt ein Geschenk… aber gesehen haben wir uns nie mehr.

Sicher könnt ihr euch vorstellen, wie schlimm das für mich war. Ich hatte keinen Papa mehr. Er lebt, aber er ist nicht für mich da. Heute – fast 9 Jahre später – finde ich sein Verhalten nur noch armselig. Früher habe ich gedacht, dass ich nicht gut genug für ihn bin.

Ich glaubte, dass ich schuld daran war, dass er sich eine neue Familie angeschafft hat. Aber darüber bin ich hinweg. Es hat lange gedauert, und ich war sicherlich nicht immer fair zu meiner Mutter, die immer für mich da ist. Sie ist die tollste Mutter, die man sich wünschen kann.

Zwei Jahre später lernte Mama dann Alex kennen. Er kam in unser Leben, und ich habe ihn sofort in mein Herz geschlossen. Alex war super, er brachte meine Mama zum Lachen, und wir haben alle drei die tollsten Dinge gemeinsam gemacht. Mama und Alex heirateten nach kurzer Zeit, und auch ich trug von da an den Nachnamen von Alex. Es sind vielleicht Kleinigkeiten, aber mich machen sie glücklich. Wir zogen in ein schönes großes Haus, und vor zwei Jahren kam dann Leo auf die Welt. Man kann diesen kleinen Stoppelhopser nur lieben. Er ist das i-Tüpfelchen in unserer Familie.

Alex war in der Werbebranche tätig. Alex` Firma meldete Insolvenz an und er musste sich einen neuen Job suchen. Er fand auch schnell etwas Neues als Finanzmakler. Er musste von nun an immer im Anzug zur Arbeit. Er musste sehr viel arbeiten und kam oft sehr spät und erschöpft von der Arbeit. Die Wochenenden schlief er fast nur noch.

Er veränderte sich, er war nicht mehr der lustige Alex. Mama und ich hofften, dass er sich nach einer Eingewöhnungszeit ändern würde. Ja, er veränderte sich, er wurde wieder der alte Alex. Wir machten wieder viel gemeinsam.

Manchmal kam es mir zwar so vor, als wenn er zu lustig wäre, aber dieser Alex gefiel mir viel besser. Er machte aber auch Dinge, die Mama nicht gut fand. Eines Tages sagte er morgens: „Ich habe eine Überraschung für euch, packt ein paar Sachen zusammen, wir verreisen." „Wie, was, wohin?" wollten wir wissen. Er sagte nur: „Dann ist es keine Überraschung mehr". Ok, wir packten zusammen, und als wir damit fertig waren, stand er mit einem Wohnmobil vor der Tür. Mama sagte: „Alex, das können wir uns nicht leisten!" Er sagte nur: „Alle einsteigen, es geht los". Es war dann ein wunderschöner Urlaub.

Dann musste Alex wieder zur Arbeit. Scheinbar hatte er sich eingewöhnt, denn an seinem positiven Verhalten änderte sich nichts.

Alex hatte sich an die Anzüge gewöhnt und hatte sich an der freien Wand im Arbeitszimmer mit Ketten aus dem Baumarkt ☺ eine Konstruktion gebaut, an die er die Anzüge aufhängte. Er hatte sich Stimmungs-Kleiderbügel aus Holz gebastelt, und zwar so, dass aus den Anzügen ein Kopf herausschaute.

Jedem Anzug hat er eine Stimmung verpasst. Die

Anzüge hingen dann wie Menschen mit verschiedenen Stimmungen an diesen Ketten. Es sah witzig aus, aber im Dunkeln auch ein wenig unheimlich. Alex sagte uns, dass er, je nachdem zu welchem Kunden er musste, den entsprechenden Anzug anzog. Das half ihm dabei, in dieser Rolle als Finanzmakler seine „Angebote an den Mann zu bringen." Es war alles gut, bis zu diesem Frühsommertag.

Es hatte aber nur den Anschein, dass alles gut war – jedenfalls hat Alex uns das immer wieder gesagt. Aber es gab immer wieder mal Situationen, in denen Alex irgendwie eigenartig reagierte. Wenn Mama etwas dazu fragte, sagte er nur: „Es ist alles okay, alles „wattig"."

Was meinte er mit „wattig"? Ich fragte Mama. Sie sagte, dass Alex ab und an kontrolliert etwas zum Aufputschen nahm. „Wie? Zum Aufputschen? Mama, das kann er doch nicht machen. Mama, tu etwas!" schrie ich förmlich mit Angst um Alex in der Stimme. Sie sagte, er hätte alles unter Kontrolle.

Aber er verlor zusehends die Kontrolle und dann die Arbeit. Mama hat ihn angefleht, dass er zu einem Arzt geht und einen Entzug macht. „Nein, ich schaffe das allein. Ich habe eine so tolle Familie. Für euch werde ich es schaffen. Ihr seid das Wichtigste in meinem Leben", antwortete er.

Alex versuchte es. Mama und ich waren immer in seiner Nähe. Es gab jetzt auch wieder „ehrlich" schöne Momente.
Ja, wir glaubten, dass alles wieder gut werden würde.

An diesem Frühsommertag war ich in der Schule. Mama musste mit Leo zum Arzt. Er war beim Spielen mit dem Laufrad unglücklich gestürzt. Alex sagte zu Mama: „Du kannst beruhigt mit Leo zum

Arzt gehen. Ich komme klar. Ich liebe euch über alles."

Irgendwie hatte ich an diesem Tag ein eigenartiges Gefühl. Ich hatte das Bedürfnis, so schnell wie möglich nach Hause zu kommen. Für die beiden letzten Sportstunden entschuldigte ich mich damit, dass ich Kopfschmerzen hätte.

Ich lief nach Hause … aber ich war nicht schnell genug. Mama und Leo kamen gleichzeitig mit mir zusammen zu Hause an. Es war unheimlich ruhig, als wir die Tür öffneten. Das Radio in der Küche dudelte leise vor sich hin. Mama rief: „Alex, wir sind wieder da!" Er antwortete nicht –

Mama lief ins Haus und ich nahm Leo auf den Arm. Ich hörte das Schreien meiner Mutter. Ich rief einen Kranken-wagen. Wir waren zu spät.

Alex hat sich zu seinen Anzügen „aufgehängt". Ein Zettel lag auf dem Boden. In großen Buchstaben stand darauf:

VERZEIHT MIR – ICH FÜHLE MICH WIE DIE KLEIDERBÜGEL IN MEINEN ANZÜGEN – ICH BIN NICHT MEHR ICH SELBST. ICH LIEBE EUCH. IHR SEID DAS ALLERBESTE, WAS ICH IN MEINEM LEBEN JE HATTE.

„So still und so verloren gingst du fort" lief im Radio. Zufall? Wieder hat mich ein Vater verlassen.

Nach der Beerdigung sind wir umgezogen. Mama ist unendlich traurig. Ich versuche, so gut ich kann, für Mama und Leo da zu sein. Meine Oma (die Mutter von Jens) hat sich in den letzten Jahren immer wieder bei uns gemeldet und ist auch zu Besuch dagewesen. Sie mochte Alex auch. Sie war dankbar, dass er die Vaterrolle für mich übernommen hatte.

In dieser schweren Zeit ist Oma für uns da. Sie hilft uns beim normalen Alltag. Sie geht mit Leo zum Spielplatz und versucht auch auf die Fragen nach seinem Papa zu antworten, so dass Leo das auch verstehen kann. Wenn er älter ist, werde ich ihm erzählen, welch tollen Vater er hatte.

Oma hat uns erzählt, dass es Trauergruppen gibt… für Erwachsene und auch für Kinder und Jugendliche. Sie meinte, dass ihr damals - nach dem Tod von ihrem Mann - diese Gruppe sehr geholfen habe. Alle hatten dort einen lieben Menschen verloren und deshalb fühlte sie sich dort selbst nicht so „verloren".

Wir haben uns in dieser Trauergruppe angemeldet. Mama geht in die Elterngruppe und ich in die Jugendgruppe. Oma hat Recht. Ich fühle mich dort nicht „verloren", sondern aufgehoben. Wir reden über unsere Gefühle, dürfen dort weinen, aber auch lachen. Die „Schwere", die meinen Körper seit dem Tod von Alex überzogen hat, wird nach jeder Gruppenstunde ein wenig leichter.

Alex, ich werde dich nie vergessen.
Ich hoffe, dass es dir dort oben im Himmel – Leo sagt immer: *„Papa ist im Himmel und versteckt sich in den dicken Wolken"*- gut geht.

Mein Opa ist dement

Ich bin Vanessa, 12 Jahre und habe ein Rätsel für euch:

Am 10.12. jeden Jahres sind Teresa und ich einen Monat lang gleich alt. Wir haben den gleichen Vater und die gleiche Mutter und sind keine Zwillinge.

Die Auflösung des Rätsels ist folgende: Ich bin am 10.01.2017 – 12 Jahre geworden. Teresa wird am 10.12.2017 auch 12 Jahre. Sie war ein Frühchen und wog bei ihrer Geburt nur knapp vier Pfund. Könnt ich euch vorstellen, wie viel vier Pfund sind… das sind zwei Tüten Zucker.

Zucker… witzig, dass ich Teresa in Zucker aufwiege, aber sie immer noch eine Süße, meine kleine Schwester. Wir sind so unterschiedlich: Teresa ist klein und zart mit blonden Locken. Ich bin größer und habe dunkelblondes kurzes Haar.

Das ist alles Nebensache, denn ich wollte etwas über meinen geliebten Opa erzählen. Also gut, als Teresa geboren wurde, war ich mit meinen 11 Monaten auch noch ein Baby. Ich muss doch ein wenig ausholen, sonst könnt ihr es nicht verstehen.

Unser Haus und das Haus unserer Großeltern sind nur durch eine Wiese getrennt; falsch, die beiden Häuser sind durch eine Wiese verbunden.

Das nachfolgende weiß ich aus den Erzählungen meiner Eltern und Großeltern:

Dadurch, dass meine Eltern viel Zeit bei Teresa auf der Frühchen Station im Krankenhaus verbrachten, war ich in der Zeit bei meinen Großeltern. Mein Kinderbett stand im früheren Kinderzimmer meines Vaters. Meine Großeltern versorgten mich liebevoll.

Mit 4 Monaten kam Teresa nach Hause. Sie brauchte viel Zuwendung, da sie ja noch so klein und zart war. Soviel ich weiß, habe ich dann immer abends bei Opa und Oma geschlafen, damit Mama auch ein wenig Schlaf bekam, denn zwei kleine Kinder sind schon ganz schön anstrengend.

Obwohl, ich kann mir gar nicht vorstellen kann, dass ich anstrengend war. ☺

Meine Beziehung zu Opa war wohl eine ganz besondere, denn wir verstanden uns auch ohne Worte.

.

Oma sagte, ich sei „sprechfaul" gewesen und hätte erst sehr spät mit dem Sprechen angefangen. *Warum sagen heute dann alle immer zu mir: „Vanessa, wann steht dein Schnabel eigentlich mal still???"* –

Opa war meine Bezugsperson, egal ob ich getröstet oder gelobt werden wollte.

Mit Eintritt in die Schule wollten meine Eltern dann, dass ich in meinem Zimmer bei uns zu Haus schlafen sollte. Bis zu dem Zeitpunkt habe ich fast jede Nacht drüben in Papas Kinderzimmer geschlafen. In dem Zimmer mit den alten Rennwagentapeten.

Zu Hause hatten Papa und Mama versucht, mir ein schönes Zimmer zu gestalten…mit rosa Tapeten und Himmelbett…wirklich sehr schön, aber ich liebte Papas Kinderzimmer. Teresas Kinderzimmer war auch sehr hübsch und sie fühlte sich darin sehr wohl. Wenn wir zusammen spielten, dann in ihrem

Zimmer oder drüben bei Opa. Mama sagte immer lachend: „Vanessa, wenn du das Zimmer nicht brauchst, dann könntet ihr noch ein Geschwisterchen bekommen." Nein, das wollten Teresa und ich nicht, und dann schlief ich ein paar Tage in diesem Zimmer.

Jetzt hab ich so viel erzählt, dabei wollte ich nur sagen, dass Opa der allerliebste Mensch der Welt war. Opa war ein Mensch, der so viel Liebe ausstrahlte, dass man in seiner Nähe immer glücklich war.

Als ich ungefähr zehn Jahre alt war, fing es an. Opa machte eigenartige Dinge: er nahm Omas Schuhe und versteckte sie im Keller oder er legte die Milchtüte in den Backofen. Irgendwann traf ich Opa in unserem Dorf und als ich auf ihn zuging, sagte er: „Kennen wir uns, junges Fräulein?"

Hallo, was geht denn hier ab, dachte ich
mir nur, nahm Opa an die Hand und wir
gingen nach Hause. Er war dann auf einmal auch wieder mein geliebter Opa.

Ich erzählte Oma, dass irgendetwas
mit Opa nicht stimmt. Sie nahm mich in
den Arm und weinte, als sie sagte: „Opa
ist sehr schwer krank, er hat die

Alzheimer Demenz." -„Was ist das für eine Krankheit?" fragte ich meine Eltern.

Mama sagte: „Es ist wohl so, dass die Nervenzellen nicht mehr alle Informationen weitergeben. Zwischen den Nervenzellen setzen sich schädliche Eiweißklumpen und Fibrillen, die verhindern, dass Informationen weitergegeben werden. Opa wird verschiedene Stadien durchmachen, wie z.B. vergesslich werden, seine Merkfähigkeit lässt nach, er weiß irgendwann nicht mehr, wie er heißt oder wie du heißt. Irgendwann kann Opa nicht mehr sprechen und wird bettlägerig. Es gibt keine Medikamente gegen diese Krankheit. Opa wird sterben."

Nein, ich wollte nicht, dass mein Opa stirbt.

Opa war immer für mich da. Er war mehr als mein Opa, er war mein Freund, mein Ratgeber und mein Beschützer.

Auch wenn er jetzt mit der Fernseh-bedienung telefoniert oder mit dem Fahrradhelm auf dem Kopf spazieren geht.

Meine Freundinnen verstanden, dass ich jetzt mehr Zeit mit Opa verbringen wollte, aber es gab auch andere, die sagten: „Na, ist dein Opa krank oder warum singt er immer so laut, wenn man ihn auf der Straße sieht? Unsere Eltern sagen, dass er dement ist und alles vergisst, d.h. dass er jeden Tag neue Freunde hat, obwohl es immer die gleichen sind, ha ha ha…"

Es stimmt, dass an Demenz Erkrankte alles vergessen werden und dass das Kurzzeitgedächtnis als erstes nicht mehr funktioniert, aber es gibt auch die „lichten" Momente, und dann spürt die Person, dass etwas nicht mit ihr stimmt. Oma sagte, dass Opa in diesen „lichten" Momenten sagte: „Ich liebe euch alle so sehr. Danke, dass ihr für mich da seid."

Manchmal war es schon sehr krass, wenn Opa dachte, dass ich seine Mutter sei. Er kann nichts dafür, diese Krankheit ist so grausam. Oma leidet unendlich, sie verliert ihren Mann. Sie sieht, wie er immer „weniger" wird und kann ihm nicht helfen.

Sie sagte einmal zu mir: *„Diese Krankheit ist so grausam. Das Schlimmste daran ist, dass sie Opa die Würde nimmt. Er wird zu einem hilflosen Wesen. Alles, was ihn ausmacht, verschwindet. Opa ist der liebevollste Mensch, den ich je kennenlernen durfte. Er ist mein Halt, er ist mein Leben, meine Liebe."*

Oma ist glücklich, wenn ich komme und mich um Opa „kümmere", damit sie mal ein „wenig Luft holen" kann. Opa kann nicht mehr alleingelassen werden, er läuft weg und weiß dann nicht mehr, wo oder wer er ist. Opa verändert sich auch manchmal, dann ist er nicht mehr der liebe Opa, sondern einer, der wütend und launisch ist.

Ich singe ihm dann das Lied vor, das er mir immer vorgesungen hat:

„La le lu, nur der Mann im Mond schaut zu, wenn die kleinen Babys schlafen…"

Opa wird dann wieder ruhiger und sagt dann: *„Vanessa, mein Sonnenschein, nun schlaf schön ein."* Das war unser abendliches Ritual. Erst hat er mir das Lied vorgesungen und das dann gesagt.

Die Krankheit schreitet unaufhaltsam weiter. Opa ist ein Pflegefall, d.h. er liegt nur noch im Bett. Er kann nichts mehr, nicht mehr sprechen, nicht mehr laufen und vor allen Dingen nicht mehr lachen. Sein Lachen war so ansteckend.

Die Schule ist aus – die Sonne scheint – der Himmel ist herrlich blau – nur kleine weiße Wölkchen sind am Himmel – ich fühle mich so leicht – so glücklich – ich habe das Gefühl, dass ich umarmt werde – ich fühle mich unendlich geborgen. Oh bitte ich möchte, dass dieser Moment nicht endet…

Teresa klopft mir auf die Schulter und fragt: „Hallo Vanessa, wo bist du? Schwesterlein, komm wir müssen nach Hause, es gibt doch Pfannkuchen."

Ich komme wieder hier an. Wir gehen nach Hause. Teresa ist eine richtige Quasselstrippe. Irgendetwas stimmt nicht, ich spüre es. Ich laufe zu Oma und Opa…

Oma nimmt mich in die Arme und weint. Mama und Teresa kommen auch. Es muss niemand etwas sagen. Opa, mein geliebter Opa, ist tot. Ich will zu ihm. Er sieht so friedlich aus, so glücklich, er hat sogar ein Lächeln im Gesicht.

Neben Opa Bett steht eine brennende Kerze, Opa Hände sind gefaltet. Opa ist tot, aber in diesem Raum ist so ein Gefühl von Frieden … von Harmonie. Oma, Papa, Mama, Teresa und ich schauen auf Opa, und plötzlich fängt Teresa leise an zu singen und wir stimmen mit ein:

„Dat du min Leevsten büst, dat du woll weeßt."

Dieses Lied hat Opa immer Oma vorgesungen, wenn sie mal traurig war. Oma weint und sagt:
„Danke, lieber Josef. Du bist das größte Geschenk meines Lebens." Sie schaut uns alle an und sagt: *„Ich bin froh, dass es euch gibt."*

Der Tag der Beerdigung rückt immer näher. Opa wird beerdigt, sein Körper wird in die Erde herunter gelassen. Es sind viele Menschen gekommen. Der Pastor spricht ein paar Worte über Opa.

Mir laufen, die Tränen übers Gesicht. Ich gehe ans Grab und sage: *„Opa ich weiß, du bist jetzt tot, aber alles, was ich von dir lernen durfte, lebt in mir und in unserer Familie weiter. Danke Opa."*

Nach der Beerdigung ist es so ruhig in Oma und Opas Haus. Ich bleibe jetzt bei Oma und schlafe in Papas Kinderzimmer. Oma ist so traurig, obwohl sie wusste, dass Opa sterben musste. Wir wussten alle, dass Opa sterben wird…trotzdem ist es dadurch nicht leichter.

Oma und ich sitzen manchmal einfach nur da und erzählen von Opa.

Opa hat mir in meinem Leben so viel gegeben. Ich vermisse ihn so sehr und bin so dankbar, dass mein Opa ein so liebevoller Mensch war.

Leukämie

Hallo, ich bin Lukas und werde in der kommenden Woche volljährig. Aus diesem Grunde möchte ich meine Geschichte noch schnell in dieses Buch für Jugendliche schreiben.

Quatsch, ich könnte sie auch noch schreiben, wenn ich volljährig bin. Ich bin froh, dass ich mir das von der Seele schreiben kann. Ein Teil in mir sagt: „Schreib es, es erleichtert." Ein anderer Teil sagt: „Warum musst du so etwas schreiben, du bist doch gar nicht tot."

Puh, ich hätte nicht gedacht, dass es so schwer ist…

Ich fange mal von vorne an.

Meine Eltern waren jung, als ich auf die Welt kam. Ich war ein Wunschkind. Meine Mutter wird ein paar Tage nach meinem 18. Geburtstag 40 Jahre alt. Meinen 18.ten Geburtstag möchte ich nicht feiern. Ihr haltet mich bestimmt für den größten Langweiler, der nicht mal zu seinem 18.ten eine Party schmeißt. Vielleicht bin ich das auch…

Ich habe eine jüngere Schwester. Jasmin ist 16 Jahre und geistig behindert.

Sie geht tagsüber in eine Fördergruppe, d.h. sie wird morgens abgeholt und kommt nachmittags wieder nach Hause. In dieser Fördergruppe versucht man Jasmin zu fördern…daher Fördergruppe. Sie kann weder lesen noch schreiben. Sie ist ein Pummelchen, denn Essen muss man ihr nicht beibringen, das kann sie alleine. Nur das WIE …manchmal ist es ein wenig unappetitlich mit ihr am Tisch.

Für mich persönlich ist das Schlimmste an ihrer Behinderung, dass sie keine Emotionen zeigen kann. Jasmin ist nur eine Körperhülle. Sie funktioniert nur. Als ich kleiner war, habe ich manchmal gedacht, die haben Jasmin nach der Geburt ausgetauscht. Die Außerirdischen haben sie einfach ausgetauscht, damit sie etwas von uns Menschen lernen können. Wenn ich jetzt darüber nachdenke, war ich ganz schön gemein in meinen Gedanken. Aber es ist auch so grausam, dass sie sich nicht freuen und auch nicht traurig sein kann.

Alle anderen hatten „richtige" Geschwister, nur ich nicht. Manchmal wurde ich deswegen auch in der Schule gehänselt. Vielleicht fing es schon damals an, dass ich ein Langweiler wurde...

Meine Eltern waren immerzu bei irgendwelchen Ärzten, da Jasmin auch ständig krank war. Die Ärzte hatten auch gesagt, dass Jasmin in einem Heim gut aufgehoben wäre. Meine Eltern wollten das aber nicht, denn sie sagten, dass es ihr Kind ist und dass sie es zu Hause schaffen würden. Mama hatte aber den ganzen Tag mit ihr zu tun. Als sie dann mit 6 Jahren in die Frühförderung kam, wurde alles ein wenig einfacher für Mama. Es ist einfach so, dass Jasmin eine Rund-um-Betreuung benötigt.

Manchmal hat man das Gefühl, dass da doch jemand in Jasmins Körper wohnt, der wird dann aber aggressiv und schlägt alles kaputt. Meist passiert das nachts und morgens sieht man dann die „Bescherung". Aus diesem Grunde steht in Jasmins Zimmer auch nur ihr Bett und Gegenstände, mit denen sie sich nicht wehtun kann.

Als ich 10 Jahre war, bekam ich noch eine Schwester. Franziska war ein Sonnenschein. Sie war eine süße kleine

Maus und ich war ein stolzer großer Bruder; ich hatte nun eine richtige, echte Schwester, mit der ich spielen konnte. Sie

lachte vor Vergnügen, wenn ich sie auskitzelte und rief dann immer „Nomal". Franzi konnte ihre Gefühle zeigen. Sie war eine Königin im „Grimassenschneiden".

Mit 3 Jahren diagnostizierte man bösartige Leukämie bei Franzi. In der Zeit habe ich zu Gott gebetet, dass er Franzi wieder gesund werden lässt. Er hat mich nicht gehört, wahrscheinlich, weil ich Jasmin nicht so nett behandelt habe. Jedenfalls habe ich das damals geglaubt.

Meine Eltern waren vollkommen fertig, für sie ist eine Welt zusammengebrochen. Sie sind zu allen möglichen Ärzten gefahren, sogar zu einem Wunderheiler. Ich habe versucht, soviel Zeit wie möglich mit Franzi zu verbringen. Sie war so tapfer. Sie als diejenige, die sterben würde, hat uns aufgemuntert. Sie wollte nicht, dass wir traurig sind. Sie hat uns zum Lachen gebracht. Wie konnte so etwas sein?

Ich erwischte mich immer wieder bei dem Gedanken: „Warum muss Franzi sterben und warum nicht Jasmin?" Franzi hatte ihr ganzes Leben noch vor sich und Jasmin wird ewig eine emotionslose Hülle bleiben.

In dieser Zeit habe ich Jasmin noch mehr vernachlässigt. Deshalb kam sie kaum noch aus ihrem Zimmer heraus. Ob diese Körperhülle doch etwas empfand?

Jetzt hätte ich jemanden gebraucht, mit dem ich hätte reden können, aber Oma und Opa von Papas Seite waren schon tot, und von Mamas Seite, die wohnten ca. 800 km entfernt. Ich hatte auch keinen Bezug zu ihnen. Ich war so allein.

Mama und Papa waren abwechselnd bei Franzi im Krankenhaus, und um Jasmin mussten sie sich auch noch kümmern. Ich konnte es nicht, obwohl meine Eltern mich darum gebeten haben. Ich konnte es einfach nicht. … Heute schäme ich mich dafür, dass ich mich so verhalten habe.

Franzi kam dann für ihre letzten Lebenstage nach Hause. Sie sollte in ihrer gewohnten Umgebung sterben dürfen. Nein, ich wollte nicht, dass sie stirbt. Ich habe immer wieder gebetet und Gott angefleht, uns Franzi nicht zu nehmen. Franzi war es, die immer noch lachte und ausgekitzelt werden wollte. Natürlich ganz vorsichtig, sie war ja schon so dünn geworden. Ich habe ihr viele Geschichten vorgelesen. Zum Schluss wollte sie immer wieder die Geschichte von Sterntaler hören. Warum gerade diese Geschichte?

Erst vor einigen Tagen habe ich es verstanden: Sterntaler gibt den armen Menschen alles, sogar ihr letztes Hemd. Und als sie dann bei der eisigen Kälte im Wald ist, bekommt sie plötzlich ein Hemdchen, in das die Sterntaler fallen. Vielleicht ist es so, dass Franzi uns alles gegeben hat: ihr Lachen und all ihre

Liebe. Alles das, was wir von Jasmin nicht bekommen konnten. Und als sie dann selbst nicht mehr konnte, hat Gott ihr das Hemdchen mit den Sterntalern angezogen und sie zu sich genommen. Mir gefällt dieser Gedanke, denn dann hat Gott mich doch gehört.

Nach der Beerdigung von Franzi gingen mir so viele Fragen durch den Kopf:

Warum darf ich gesund sein?

Warum haben meine Eltern so ein schweres Schicksal?

So viele Warums? Und keine Antworten.

Nur Trauer...meine Mama weinte nur noch. Es kam niemand mehr an sie heran.

Ich war mittlerweile mit 14 Jahren in einem Alter, in dem alle Jugendlichen das Leben genießen wollen.

Party...Freunde...Freundin

Na, davon war ich weit entfernt. Ich konnte doch nicht „Party machen", während meine Eltern traurig sind. Nein, nicht nur meine Eltern waren traurig, auch ich war unendlich traurig. In der Zeit war ich wütend auf mein Leben. Ich verbrachte viel Zeit in der Computerwelt, spielte bis in die Nacht, kam morgens nicht aus dem Bett und schlief in der Schule ein. ☹. Das Ergebnis: Sitzengeblieben. Ich musste die Klasse wiederholen. Dort lernte ich Philipp kennen. Er wurde mein bester Freund. Er war ein ruhiger Typ und wir konnten über andere Dinge als nur Party, Computerspiele usw. reden.

Mama wurde ein Jahr nach Franzis Tod schwanger. …Sie war nicht sicher, ob sie das Baby bekommen wollte. Wir redeten in der Familie darüber. Mama meinte, dass sie nicht noch einmal ein Kind verlieren könnte. Papa hatte sich so und so schon sehr verändert, er war alt geworden und hatte auch keinen Spaß mehr am Leben. Und ich…ich hatte eine Kindheit, die…nein, ich hatte irgendwie keine Kindheit…doch die Zeit mit Franzi war schön…aber hatte ich meine Eltern mal für mich allein…haben sie mal Zeit für mich gehabt…kennen sie mich überhaupt?

Aber das sind meine Fragen und ich war der Meinung, dass dieses Baby ein Recht hat, auf die Welt zu kommen. Melina kam kerngesund auf die Welt. Sie ist ein liebes kleines Wesen.

Melina ist jetzt zwei Jahre alt und hat glückliche Eltern und einen großen Bruder, der immer für sie da sein wird. Schade, dass Jasmin nicht etwas von der Freude versteht.

Ich glaube, es hat mir geholfen, mir alles von der Seele zu schreiben. Denn ich war schon drauf und dran, meine Eltern für mein Leben verantwortlich zu machen, ihnen zu sagen, dass sie mich vernachlässigt haben. Ich suchte einen Schuldigen, warum ich so bin, so etwas lahm, so ohne Eigeninitiative, so ohne Zukunftsperspektive. Beim Schreiben habe ich aber gemerkt, dass ICH mich ändern muss. Meine Eltern waren, so gut wie sie es konnten, für mich da.

Ich werde meinen 18.ten Geburtstag feiern und meine Freunde und Schulkameraden einladen.

Während ich das schreibe, habe ich das Gefühl, dass Franzi bei mir ist.

Franzi, ich werde dich nie vergessen.

Mama, warum wirst du nicht wach?

Trisomie 21 - wisst ihr, was das ist? Es ist auch unter dem Namen Down-Syndrom bekannt. Es ist eine Veränderung im Erbgut, und diese Veränderung des 21.ten Chromosom habe ich. Es ist nicht ansteckend und es tut mir auch nicht weh. Ich bin halt etwas anders als andere Kinder in meinem Alter. Mit meinen 14 Jahren bin ich kleiner. Na gut, etwas hinke ich auch noch im Schulischen hinterher. Quatsch, ich hinke nicht hinterher, es geht bei mir alles etwas langsamer. Es stört hier in unserer Schule niemanden.

Ich bin gerne hier bei meinem Freunden. Wir haben viel Spaß zusammen, auch wenn wir lernen müssen. Ja, hier bin ich glücklich, hier fühle ich mich geborgen und alle sind so lieb zu mir. Sie alle wissen auch, dass meine Mama tot ist. Es ist jetzt schon ein wenig

Zeit seit ihrem Tod vergangen. Unsere Lehrer haben uns erklärt, was passiert, wenn ein Mensch stirbt. Es gibt den Körper und die Seele. Das, was wir sehen, ist der Körper, der wird beerdigt. Die Seele ist das, was den Menschen ausgemacht hat, z.B. wie er gelacht hat, und diese Seele geht zurück zu Gott. Aber etwas bleibt von jedem Menschen hier. In mir und meiner älteren Schwester Clara lebt ein Teil von Mama weiter. Mama hat gesagt, dass ich die Fröhlichkeit von ihr habe, und Clara hat das Fernweh von ihr. Clara ist immer unterwegs. Sie reist sehr gerne und lernt immer neue Menschen kennen.

Nach dem Tod von Mama lebe ich bei Papa. Mama und Papa haben getrennt gelebt. Papa ist jetzt in unser Haus gezogen, damit ich nicht die Schule wechseln muss und in meiner gewohnten Umgebung bleiben kann. Es ist gut, aber manchmal macht es mich traurig, wenn ich ins Wohnzimmer gehe und auf Mamas Lieblingsplatz schaue.

Meine Mama war die liebste Mama, die man sich wünschen konnte. Sie war auch eine liebe Freundin für viele andere Menschen. Sie strahlte immer eine ansteckende Fröhlichkeit aus. Unser kleines Haus sieht aus wie ein kleines Hexenhäuschen. Es steht ein wenig höher. Man muss ein paar Stufen hochgehen, um zur Haustür zu gelangen. Der Garten ist verwunschen, mit meiner geliebten Schaukel. Im Sommer vor Mamas Tod haben wir mit Freunden eine Party gefeiert. Mein Freund Maik – er ist auch ein Down-Kind – war auch dabei. Es war so schön, alle Frauen tanzten, sie hatten sich bunte Bänder in die Haare gebunden und gesagt, sie wären jetzt alle Feen…

So glücklich sah meine Mama aus. Wenn ich die Augen schließe, sehe ich dieses Bild.

Und dann kam der Herbst. Mama musste ins Krankenhaus…eine harmlose Untersuchung. Sie musste ein paar Tage dort bleiben. Ich war vorher noch nie ohne meine Mama. Ich war bei einer Freundin von Mama. Als sie wieder zu Hause war, sagte sie, dass alles in Ordnung sei. Clara kam auch mal wieder zu uns. Sie erzählte von ihrer Reise nach Australien. Und dass sie für das kommende Jahr eine Reise nach Thailand plane. Mama schaute sie an und freute sich mit ihr.

Dann kam dieser Tag im Oktober. Es war ein schöner Herbsttag. Wir harkten das Laub mehrmals zusammen, denn wir hatten viel Spaß daran, dass Laub hoch zu werfen und den bunten Blättern beim Fallen zuzuschauen.

Mama wollte noch ein wenig lesen, bevor wir zu Abend essen. Spaghetti sollte es noch geben. Ich liebe Spaghetti mit Tomatensoße. Um 18:00 Uhr wollten wir gemeinsam kochen, aber Mama schlief immer noch. Ich wartete noch ein wenig…dann wollte ich sie wecken. „Mama, ich habe Hunger. Wir wollen doch kochen." Mama reagierte nicht. Ich streichelte sie…ich rüttelte sie…aber sie wurde nicht wach.

Ich ging zum Telefon und rief Clara an. Clara wohnt eine halbe Stunde Autofahrt von uns entfernt, aber sie hat kein Auto. Clara sagte, dass sie so schnell wie möglich kommen würde. Sie hat Mamas Freundin Christa, die ein Dorf weiter wohnt, angerufen.

Christa kam und ging zu Mama. „Barbara, wach auf", sagte sie immer wieder. Sie ging zum Telefon und rief einen Notarzt. Christa nahm mich in den

Arm und weinte. Der Notarzt kam und sagte, dass Mama verstorben sei.

Wie konnte es sein, dass Mama einfach so einschlief und nicht mehr wach wurde? Wir hatten doch vorher noch so viel Spaß. Ein Leben ohne Mama. Ein unvorstellbares Leben.

Ich bin in eine tiefe Traurigkeit gefallen und wurde in eine Klinik gebracht. In der Zeit war ich wie mit einer Hülle von Nebel umgeben. Sie kamen alle zu Besuch. Clara und alle Freunde von Mama und Maik. Er brachte mich zum Lachen, und dadurch erinnerte ich mich wieder an Mamas Lachen.

Manchmal hatte ich auch das Gefühl, dass ich Mama sprechen hörte: „Meine liebe kleine Stupsi, ich habe dich so lieb."

Mein Leben geht weiter und ich weiß, dass es Mama gut geht. Papa musste sein Leben nach Mamas Tod umstellen. Für ihn war es eine Herausforderung, denn Papa hatte sich von Mama getrennt, weil er mich nicht haben wollte.

Er hat diese Herausforderung gut gemeistert. Wir haben auch Spaß miteinander. Er ist ein guter Freund für mich und er sagte mal, dass er damals einen Fehler gemacht hat, denn ich sei ein „Geschenk".

Mama, ich werde dich nie vergessen. Danke für die schöne Zeit, die wir miteinander hatten.

War es meine Schuld?

Warum ist der Übergang vom Kind zum Jugendlichen so kompliziert?

Ab 13 ist man ein Teenie – ja schon etwas Besonderes. Nicht mehr Kind, aber noch nicht erwachsen.

Pubertät: Das ist für mich ein Berg – eher ein riesengroßer, hoher Berg. Ja… ich stelle mir immer alles in Bildern vor. ☺ Unten auf der Wiese vor dem Berg ist es schön…das ist die Kindheit. Meine Kindheit war sehr schön. Dann muss man diesen hohen Berg erklimmen, und da gibt es dann auch manchmal kleine Hindernisse. Klein sind sie aber nur, wenn diese aus der Ferne betrachtet werden. Wenn man sie direkt vor der Nase hat, erscheinen sie einem riesengroß, fast unüberwindbar, wie eine Baumwurzel, die einen festhält.

Ich bin John und 13 Jahre alt. Manchmal schaue ich nach links unten und sehe mein „altes" Leben, schaue ich nach rechts, dann sehe ich mein zukünftiges Leben. Wie ihr richtig bemerkt habt, stehe ich oben auf diesem Bergplateau. Es ist nicht schmal, sondern sehr breit. Es sieht aus wie hellgrauer Granit. Glänzend und schön, aber auch glatt und man muss aufpassen, dass man nicht fällt.

Schaue ich nach links unten, sehe ich eine grüne Wiese, ein kleines Bächlein und ich sehe auf der Wiese meinen kleinen Bruder Joshua und die kleine Amy. Sie spielen miteinander. Amy ist fast zwei und Joshua ist vier Jahre alt. Ich laufe auf die beiden zu und nehme Amy hoch und spiele „Flugzeug" mit ihr. Josh möchte auch fliegen. Eigentlich ist er viel zu groß, aber ich versuche es. Es klappt – wir haben sehr viel Spaß.

Wenn ich dieses Bild sehe, strahlt mein ganzes Gesicht, es kribbelt im ganzen Körper voller Glück und Freude. Ich will dieses Gefühl behalten. Bitte …!

Blicke ich vom Berg runter auf die rechte Seite, sehe ich die kleine Amy. Ich sehe eine traurige Mama und einen traurigen Papa. Wo ist Josh? Ich rufe ihn. Es kommt keine Antwort. „Wo bist du?"- Auf der rechten Seite ist keine grüne Wiese. Kein Lachen ist dort zu hören. Es ist grau und trostlos. Bildlich gesprochen: Oben auf der Bergplateau ist etwas Schlimmes passiert. Etwas, das das Leben von uns allen verändert hat.

Mir fällt es schwer zu erzählen, warum
Josh auf der rechten Seite nicht zu sehen
ist.

Es war an einem schönen Sommertag.
Mama wollte mit uns einen schönen
Ausflug machen. Ich wollte nicht mit, ich

hatte keine Lust, ich wollte am Computer daddeln und allein sein. Keine kleinen Kinder um mich haben, einfach mal allein sein.

Mama war traurig, dass ich nicht mit wollte, aber sie verstand mich auch. Ich brachte die drei noch zum Auto und half Mama beim Anschnallen der Kleinen. Diese Kindersitze sind eine große Herausforderung. Das Anschnallen ist kompliziert und die Kleinen mochten es auch nicht besonders gerne. Sie fuhren los, ich winkte ihnen noch nach. „Juchhu!", ich konnte jetzt machen, was ich wollte und setzte mich an den PC und daddelte.

Einige Stunden später rief Mama mich an, als sie wieder nach Hause fahren wollte. Sie sagte, dass die Kleinen total hungrig wären und bat mich, ein paar Nudeln mit roter Soße zu kochen – so als großer Bruder mache ich das natürlich.

Sie wären in ca. 20 Minuten zu Haus, d.h. so gegen 18:oo Uhr.

OK. Wasser aufsetzen – Nudeln kochen – rote Soße aus der Packung und dann Tisch decken. Gläser mit Saft dazu und ganz wichtig: die Rolle Zewa. Geschafft! 18:00 Uhr und alles ist fertig. Ich bin stolz auf mich.

Eigenartig. Es ist schon 18:15 Uhr und Mama ist immer noch nicht da. Die Uhr tickt weiter. 18:16 – 18:17 – 18:18. Mir wird irgendwie mulmig. Ich habe ein eigenartiges Gefühl. „Mama, was ist los", denke ich. 18:30 – ich rufe Mama an. Sie geht nicht ans Handy. Irgendetwas ist passiert. Ich spüre es. Es steigt Angst in mir auf…ein dicker Kloß steckt in meinem Hals.

Papa ist noch im Büro. Ich rufe ihn an. Er sagt, dass er gleich nach Hause kommt. Die Zeit scheint wie Kaugummi zu sein. Der Sekundenzeiger auf meiner Uhr geht nur ganz langsam voran. „Mama, was ist los?" rufe ich ins menschenleere Haus. „Bitte, melde dich!" Ich schau aus dem Fenster und wünsche mir, dass das 10. Auto, das vorbeifährt, Mamas Auto ist. 1…6,7,8,9…10. NEIN. Mein Herz schlägt so heftig, als wenn es gleich herausspringen würde.

Brrr … Brrr. Das Telefon klingelt. Wo ist es? „Hallo", schreie ich hinein. „Mama?"- „Hallo John, bitte geh zu Oma und bleib da, bis wir kommen. Mama hatte einen Unfall. Wir kommen etwas später", sagt Papa.

Ich gehe zu Oma. Sie erwartet mich schon. Sie hat rote Augen vom Weinen. „Was ist passiert?" will ich wissen. Oma weiß etwas mehr.

Dies habe ich aber erst später erfahren, von dem „Mann".
Mamas Auto ist plötzlich auf dem Bahnübergang ausgegangen. Es sprang einfach nicht mehr an und sie hat

versucht, es wegzuschieben. Aber es klappte nicht. Die Schranken sind schon runter. Die Signale sind rot und Mamas Auto bewegt sich nicht. Sie geht an die hintere Wagentür und holt Amy aus dem Kindersitz. Joshua schläft. Von hinten kommt ein Mann, der Mama Amy abnimmt. Er ruft: „Bitte beeilen Sie sich, bitte…"

Mama läuft um das Auto herum, um Josh rauszuholen. Der Zug kommt…

Amy weint…Mama sieht den Zug auf sich zukommen. Sie läuft zu Amy und schreit: „Josh, Josh!" dann bricht sie zusammen. Die Menschen, die dies mit ansehen, sind stumm, sind sprachlos, andere schreien und weinen.

Der Mann hält Amy fest in seinen Armen, eine Frau kommt und nimmt Mama in den Arm. Sagen kann sie nichts. Jedes Wort wäre hier fehl am Platz, bzw. es würde Mama auch nicht erreichen.

Mittlerweile sind Polizei und Krankenwagen auch da. Sie bringen Mama und Amy ins Krankenhaus. Amy lässt den Mann nicht mehr los. Er fährt mit.

Joshua ist im Schlaf gestorben.

Papa kommt spätabends zu Oma und mir. So verzweifelt habe ich ihn noch nie gesehen. Er ist vollkommen fertig und sagt zu seiner Mutter: „Mama, du hast doch immer alles geschafft, ich habe immer geglaubt, dass du alles kannst. Ich will das jetzt auch glauben. Bitte, hilf uns, bitte hilf Joshua."

„Papa, was ist mit Josh?" frage ich ihn. „John, Joshua ist bei dem Unfall ums Leben gekommen. Mama und Amy sind im Krankenhaus."

Joshua, mein kleiner, niedlicher Josh ist tot. Nein … das darf nicht sein. Was ist passiert? Tausend Fragen gehen mir durch den Kopf.

Am nächsten Morgen fahren wir alle ins Krankenhaus. Amy kommt mir schon entgegen gelaufen. Sie freut sich, mich zu sehen. Ich nehme sie auf den Arm und drücke sie ganz fest. Tränen laufen mir die Wange herunter...Josh, Josh mein kleiner Josh.

Ich gehe zu Mama. Mama sitzt kreidebleich da. Sie ist überhaupt nicht anwesend. Papa nimmt sie in die Arme und sagt: „Komm, wir gehen nach Hause." Sie folgt teilnahmslos Wir fahren nach Haus. Oma bleibt bei uns. Sie MUSS die Stärkste sein.

Joshua hat einen kleinen weißen Sarg mit vielen bunten Blumen. Es sind viele Menschen da. Nach der Beerdigung bleibe ich noch ein wenig am Grab stehen. Ich frage Josh, ob alles anders gekommen wäre, wenn ich nicht so egoistisch gewesen wäre, wenn ich mitgefahren wäre. Er kann natürlich nicht antworten, aber ich habe das Gefühl, dass er mir sagt, dass es nichts geändert hätte. Die Zeit auf seiner Lebensuhr sei abgelaufen.

Ich gehe in eine Kindertrauergruppe. Dort haben alle Kinder einen lieben Verstorbenen verloren. Dass ich hierhin gehe, nimmt mir sehr viel von der Schuld, die ich spüre. Wäre ich nicht so egoistisch gewesen… wäre…wäre… die Zeit kann ich nicht zurückdrehen.

Mama ist mit Amy zur Trauerkur gefahren. Sie hat das alles noch lange nicht verarbeitet. Papa versucht, so gut er kann, alles normal laufen zu lassen. Manchmal sitzen wir abends da, zünden eine Kerze an und erzählen von Joshua. Er wird immer in unseren Herzen bleiben.

Das Leben, mein Leben hat sich total verändert. Wenn ich abends ins Bett gehe, schaue ich nach links runter auf die Wiese meiner Kindheit und dann habe ich das Gefühl, dass Josh mir zuwinkt.

„Ich werde dich nie vergessen, mein geliebter kleiner Bruder."

Ich bin erwachsen geworden…nur so wollte ich es nicht.

Folgende Bücher sind von uns bereits erschienen:

Geschichtenbuch

„Und wo ist der Himmel?"
Was bleibt ist der Schatz der Erinnerungen.

Trauergeschichten für Kindergarten- und Grundschulkinder

Bilderbücher
zum Thema: Tod und Abschiednehmen

„Tante Klöpper und ihre Seele"

„Mona – ohne Mama ist plötzlich
alles anders"

Konzeptbuch
Konzepte für Trauerbegleitung von Kindern
und Jugendlichen

Trauertiere
Gefühlskarten für die Trauerbegleitung